KB164314

고교 선생님의
특별한 금융경제 수업

100억을 벌려면 10대부터 시작하라

고교 선생님의 특별한 금융경제 수업

조부연·이승희 지음

유아이북스

청소년들이 학교를 졸업하고 사회에 진출하고 나면 무엇보다도 금융교육이 절실했음을 느끼게 됩니다. 그런데 학교에서는 금융교육이 배제되고 있는 게 현실입니다. 그런 우리의 상황에 현직 교사가 직접 현장에서 금융경제교육을 하고 더 나아가 경제서적을 출간한다는 점은 매우 희망적입니다. 우리나라의 밝은 미래를 보는 것 같아 기대가 됩니다.

특히 현장에서 학생들을 가르치며 실제로 학생들이 궁금해할 만한 내용과 초보자들을 위한 눈높이에 맞춘 내용이다 보니 금융교육의 보편화에 있어 매우 가치있는 내용이라고 생각합니다.

금융을 모르는 부모님께는 이 책을 통해 자녀들과 함께 금융을 공부하는 계기를 마련하기를 추천해 드리고, 이미 부모님께서 노련한 투자자라면 청소년의 눈높이에 맞는 이 책을 자녀들에게 권해 주시길 바랍니다.

대한민국이 금융교육에 열린 사회가 되어 가는 데 이 책이 큰 힘이 되어 줄 것이라 믿습니다.

_ 초월갈매기 강철(퀀트투자자)

우리나라는 OECD 국가 중 노인빈곤율 1위 국가입니다. 대한민국의 행복한 미래를 위해서는 어릴 때부터 경제교육이 필요하다는 저자의 생각에 절대적으로 공감합니다.

이 책은 그런 저자의 생각을 현실화한 것입니다. 현직 교사가 학생들에게 금융경제 수업을 하는 것 같이 어려운 경제용어들을 쉽고 자세하게 풀어 썼으므로 우리 아이들의 필독서로 강력히 추천합니다.

책을 통해 독자들은 금융경제 공부도 하고, 투자대가들의 경험치도 배울 수 있습니다. 퀀트 프로그램(퀀트킹)의 백테스트로 자신의 투자 전략이 자산증대에 실제로 기여할 수 있는지를 검증해 볼 수 있는 과정도 매우 쉽게 설명되어 있습니다. 따라서 이제 막 투자를 시작했거나 하려는 성인 초보 투자자들도 반드시 읽어야 될 책이라고 생각합니다.

이 책이 청소년과 투자 초보자의 경제공부와 투자의 시작에 큰 도움이 될 것이라 확신합니다.

_ **퀀트킹 대표**

청소년 시기에 금융경제 공부는 필수라고 생각합니다. 금융경제를 통해 세상에 대한 지식을 넓힐 수 있으며 삶을 풍요롭게 만들 방법을 터득할 수 있기 때문입니다. 청소년으로서 주식투자를 시작하려 할 때 용어도 낯설었고, 경제 서적을 읽으려 해도 어려운 내용이 많아 접근하기가 쉽지 않았습니다. 하지만 선생님께서 집필하신 내용은 대화체로 구성되어 있어 읽기도 쉽고 이해도 쉬웠습니다. 주식투자의 A부터 Z까지 서술되어 있어 한눈에 정리가 되는 느낌이라 너무 좋았습니다. 쉽게 풀어썼지만 내용의 깊이는 절대 얕지 않습니다. 초등학생부터 일반인에 이르기까지 모두에게 유용한 경제 서적이 될 것입니다. 저는 선생님께 투자의 본질에 대해 배우면서 삶을 바라보는 가치관과 관점도 많이 바뀌었습니다. 이 책을 읽는 누군가에게도 그런 책이 되기를 바랍니다.

_**충0고등학교 1학년 박예빈**

머리말

나는 개인 주식투자자이자 고등학교 교사다. 주식투자를 시작하고 여러 시행착오를 겪던 중 2020년 코로나 팬데믹 상황을 맞이했고 폭락하는 주식시장을 경험했다. 그러나 폭락 때 두려움을 무릅쓰고 주식을 나누어 사들인 것이 이후 큰 수익을 가져다주게 되었다. 폭락장 때도 과감히 분할 매수할 수 있었던 것은 몇 달 전 시작한 금융 공부(독서) 덕분이었다. 주식시장은 '인내심이 약한 사람으로부터 인내심이 강한 사람에게 부의 이전을 가져다주는 시스템'이라고 한다. 물론 좋은 기업을 싼값에 매수했을 때 한해서이다. 주식투자를 단기간에 하고 끝낼 생각은 아니었기 때문에 이후 몇 년간에 걸쳐 많은 양의 독서를 하게 되었다. 그리고 교사로서 느낀 점은 '내가 알고 있는 지식을 학생들에게 가르치고 나눠야겠다'는 생각이었다. 그것이 학생들의 미래를 행복하게 만들고 우리나라를 부강한 나라로 만들어 줄 것이라 믿었기 때문이다. 그래서 2021년부터 학교 내에 투자동아리 및 투자 수업을 운영하고 있다.

우리나라는 37개 OECD 국가 중 노인빈곤율이 1위인 국가이다. 어쩌다가 많은 노인이 노년이 되어도 은퇴하지 못하고 계속해서 일을 하는 상황이 되었을까. 그분들을 비하하려는 게 절대 아니다. 나는 가장 큰 이유가 우리나라에서 금융을 가르치지 않고 있기 때문이라고 생각한다. 금융은 단순히 나의 자산을 불리는 것뿐만 아니라 인생의 계획을 세우는 데에도 큰 영향을 미친다.

우리나라의 금융 지식 순위를 보고 깜짝 놀란 적이 있다. 한 언론사의 조사에서 우리나라의 금융이해력 지수는 세계 143개 국가 중 77위라고 발표됐다. 미얀마나 가봉보다도 낮은 수준이다. 세계 10위권 수준의 경제 대국이라고 하기엔 믿기지 않는 수준이다. 우리나라 학생들의 문제는 시험 보는 과목보다 훨씬 더 중요하고 삶과 밀접한 관련이 있는 금융이해력 수준 즉 금융과 관련한 다양한 문제를 해결하는 능력이 현저히 떨어진다는 것이다.

대한민국은 자본주의 국가이다. 그런데 학교에서 자본에 대해 가르치지 않는다. 자본주의 국가에서 자본에 대해 가르치지 않는다는 것은 정말 이상한 일이다. 우리 학생들은 경제와 금융에 대해 전혀 모른 채 사회에 진출한다. 자취방을 구할 때 무엇을 보고 계약을 해야 하는지 고정금리, 변동금리가 무엇인지, 신용점수가 무엇인지, 예금과 적금이 무엇인지, 주식과 채권이 무엇인지, 인덱스 펀드가 무엇인지 전혀 알지 못한다. 단순히 변동성이 큰 암호화폐(코인), 선물옵션에 열광하며 자신이 평생 동안 번 소중한 돈을 순식간에 까먹는다. 변액보험이 무엇인지도 모르고 다수가 가입했던 한때의 광풍을 보면 씁쓸해진다.

가정에서도 돈에 관해 이야기하는 것을 부끄럽게 생각한다. 왜 우리는 돈에 대해 자녀와 터놓고 솔직하게 이야기하지 못할까? 자녀가 성인이 되기 전에 장차 경제적으로 독립할 수 있는 올바른 습관을 지니게 하는 것은 매우 중요하다. 국·영·수보다 더 중요한 공부가 바로 돈에 관한 공부다. 투자의 대가인 워런 버핏은 "6세에 돈에 관한 공부를 시켜도 되는가?"라는 질문에 "이미 늦었다"라고 답했다. 빠를수록 좋다는 말이다. 아이가 경제적으로 행복하게 살아가기 위해서는 반드시 가정과 학교에서 금융교육이 필요하다.

워런 버핏은 열한 살 때 처음 주식을 샀다고 한다. 이런저런 투자 실패를 겪으면서 자신만의 투자철학을 만들었고 현재는 전 세계 5위 안에 들어가는 부자가 되었다. 미국인 중 절반 이상이 주식을 보유하고 있지만, 우리나라는 주식을 보유한 사람이 10명 중 한 명에 불과하다. 이런 분위기는 주식과 경제를 바라보는 인식과 사고 체계를 다르게 만든다.

나는 2년간 주식투자 동아리를 학생들과 운영하면서 학생들에게 투자의 기본에 대하여 가르쳤고, 금융교육은 학교에서 가장 첫 번째로 다루어야 할 중요한 주제라고 생각한다. 하지만 우리나라의 분위기는 어떠한가? 주식에 대해 부정적인 인식이 우선이다. 주식을 하면 패가망신한다고 믿고 있는 어른들이 대다수이다. 그래서 주식이 무엇인지 아예 들으려고조차 하지 않는 것이 문제이다. 마치 알기라도 하면 큰일이라도 나는 줄 안다. 어른들이 그러니 아이들은 오죽하겠는가? 사정이 이렇다 보니 막상 배우고자 하는 학생들을 가르칠 때도 사전 배경지식이 너무 없어서 기초적인 것부터 하나하나 짚어가는 것조차 생각보다 쉽지 않다. 그래서 기초지식이 전혀 없는 학생도 이해할 수 있도록 이 책을 집필하였고 어려운 내용을 쉽게 풀어 쓰려고 노력했다. 이 책이 투자의 모든 것을 설명할 수는 없다. 하지만 투자의 동기를 불러일으키고 밑바탕이 될 수 있는 책이 되었으면 하는 바람이다. 이것이 내가 이 책을 쓴 목적이다.

내용을 쉽게 전달하기 위해 실제 우리 학교 주식투자동아리 이승희 학생과의 대화형식으로 꾸며봤다. 이 책을 읽는 많은 청소년 및 일반 독자들에게 도움이 되었으면 한다.

····· 이 책의 등장인물 ·····

선생님: 개인 투자자이자 고등학교 교사다. 금융 서적 200여 권을 탐독하였고 주식투자 동아리를 3년간 지도한 경험으로 학생들이 꼭 알아야 할 주식 금융교육의 기초에 대해 쉽게 설명해 줄 선생님이다.

승희: 중학교 때부터 부모님께 받은 용돈으로 주식투자를 해오고 있었고 선생님과 주식투자 동아리를 통해 함께 공부하게 되면서 많은 도움과 성장이 있었다고 생각한다. 금융경제에 대해 알아가는 것이 재밌고 앞으로도 계속해서 공부하고 싶은 열정이 넘치는 학생이다.

목차

PART 3
어떤 주식을 사야 하나요?

PART 4
위대한 주식투자자의 투자 기법 소개

PART 5
마지막으로 당부하고 싶은 말

PART 6
주식투자 Q&A

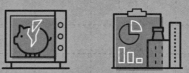

투자,
꼭 해야 해요?

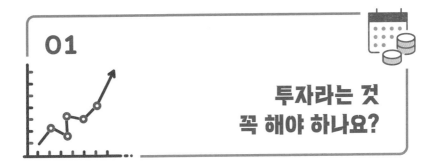

01

투자라는 것
꼭 해야 하나요?

승희: 선생님, 안녕하세요! 오늘도 궁금한 것이 있어서 여쭈러 왔어요. 시간 괜찮으세요?

선생님: 응, 승희야, 없는 시간이라도 내야지. 어떤 부분이 궁금해?

승희: 제가 지금 주식투자를 하고 있잖아요. 사실 조금 손실을 보고 있어요. 요즘 투자를 꼭 해야 하나? 하는 생각이 들어요. 그냥 차곡차곡 저축이나 할 걸 하는 생각도 드네요. 선생님 생각이 어떠신지 들어보고 싶어요!

선생님: 그렇구나. 좋은 질문이야. 돈에 대해 사람들의 성향은 굉장히 다양해. 어떤 사람은 가진 돈을 잃고 싶지 않아서 안정적으로 자산을 늘리길 원하고 또 어떤 사람은 원금을 잃을 확률이 있더라도

조금 더 높은 수익을 목표로 하기도 하지. 사람의 성향에 따라 주식과 같은 공격적인 자산에 투자할 수도 있고, 은행 예금이나 적금 같은 안정적인 자산에 투자할 수도 있어. 미래에 더 큰 구매력을 얻기 위해 현재의 구매력을 포기하는 행위를 투자라고 한다면 은행 예금과 적금도 투자라고 할 수 있어. 높은 수익을 올리든 적은 수익을 올리든, 투자라는 행위는 꼭 필요한 거야. 반드시 투자를 해야 하는 이유가 뭐라고 했지?

예금이란? 은행에 돈을 맡기는(빌려주는) 것을 말해. 은행은 고객의 돈을 가지고 다른 사람에게 대출해 주는 행위를 통해 돈을 벌고(이자를 받음) 그 수익의 일부를 돈을 맡긴 사람에게 되돌려 줘. 예를 들어 은행에 1,000만 원을 맡기고 일 년 후에 찾을 때 은행이자(현재 기준 약 5%) 50만 원을 포함하여 1,050만 원을 돌려받아. 은행은 대출이자(돈을 빌려준 대가로 은행이 받는 돈)가 예금이자(돈을 맡긴 대가로 맡긴 사람에게 주는 돈)보다 많으니까 이 차이를 이용하여 예대마진(예금이자와 대출이자의 차액이 이익이 됨)이라는 이익을 얻는 거야.

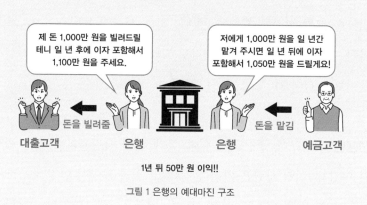

제 돈 1,000만 원을 빌려드릴 테니 일 년 후에 이자 포함해서 1,100만 원을 주세요.

저에게 1,000만 원을 일 년간 맡겨 주시면 일 년 뒤에 이자 포함해서 1,050만 원을 드릴게요!

돈을 빌려줌

돈을 맡김

대출고객   은행   은행   예금고객

1년 뒤 50만 원 이익!!

그림 1 은행의 예대마진 구조

적금이란? 은행에 돈을 일정 기간 동안 일정 금액을 정기적으로 납부하여 만기일에 이자를 받는 금융 상품이야. 예를 들어 매달 50만 원씩 12달을 넣고 일 년 뒤에 원금 600만 원과 적금이자(현재 기준 약 6%) 약 20만 원을 포함하여 620만 원을 돌려받아. 역시 적금으로 은행에 들어온 돈을 대출을 통해 다른 고객에게 빌려주고 은행은 예대마진을 남기는 거야.

승희: 아, 인플레이션(물가 상승)이요! 물가가 매년 상승하고 있기 때문에 돈의 가치가 줄어든다고 하셨어요.

선생님: 그래, 맞아. 잘 기억하고 있구나. 매년마다 물가는 상승하고 있어. 물가가 상승하는 이유가 뭐라고 했는지 기억나니?

승희: 네. 매년마다 각국 중앙은행에서 통화(화폐)를 찍어내고(프린팅) 있기 때문에 화폐가치가 하락하고 모든 상품의 물가가 전반적으로 꾸준히 오르는 거요! 요즘 엄마가 하는 말씀이 물가가 너무 올라서 마트에 갈 때마다 걱정이래요. 생활비는 그대로인데 물가가 올라서 물건을 많이 살 수 없다고 하세요.

선생님: 맞아. 요즘은 물가 상승이 너무 가파르지. 물가가 상승한다는 것은 돈의 가치가 매년 줄어든다는 거야. 선생님이 8살 때인가 용

돈이 2,000원이었거든. 근데 그 돈으로 200원짜리 노트를 10권 살 수 있었어. 근데 지금은 2,000원으로 노트를 2권밖에 살 수가 없어. 노트 가격이 권당 1,000원으로 올라버렸거든. 2,000원의 가치가 노트 10권에서 노트 2권으로 줄어들어 버렸어.

승희: 맞아요. 물가는 계속 오르고 있어요. 근데 그것이 투자해야 하는 이유인 건 왜 그런 건가요?

선생님: 아이스크림을 예로 들어볼게. 아이스크림은 약 30년 전보다 10배가 올랐어. 100원짜리 아이스크림이 현재 1,000원이 된 거지. 만약 30년 전에 100원을 금고에 넣어두고 지금 꺼낸 사람은 어떻게 된 걸까?

승희: 헐, 지금은 돈의 가치가 줄어 아이스크림을 못 사겠네요. 돈의 가치가 1/10로 줄었어요!

선생님: 그렇지. 그 사람은 안전한 금고에 돈을 보관해서 원금을 보전했다고 생각할 수 있지만 실제로는 자산 손실이 90%에 달하는 셈이야. 지금 100원의 가치로는 아이스크림 1/10밖에 살 수가 없어. 그런데 만약 영원히 녹지도 변하지도 않는 아이스크림이 있다고 가정해보자. 만약 30년 전에 돈을 가지고 있는 것이 아니라 아이스크림을 지금까지 가지고 있었다면?

승희: 자산이 10배가 된 것이네요! 30년 전으로 다시 돌아갈 수 있다면 돈을 가지고 있는 것이 아니라 아이스크림을 사야 하는 것이군요.

선생님: 그렇지. 현금을 그대로 쥐고 있었다면 그 사람의 자산 가치는 계속해서 감소해. 적어도 인플레이션만큼 올라가는 상품을 가지고 있는 사람은 인플레이션의 위험에서 벗어날 수 있는 거야. 이를 인플레이션의 위험으로부터 '헷징(가격변동으로 인한 손실을 막는 행위)한다'라고 해. 그럼 하나 물어볼게. 30년 전에 아이스크림을 사둔 사람은 자산 가치가 지금 몇 배가 된 걸까?

승희: 100원짜리 아이스크림을 사서 현재가치로 1,000원이 된 것이니까 10배가 된 것 아닌가요?

선생님: 음. 그럴 수도 있고 아니기도 해.

승희: 그게 무슨 말씀인가요?

1980년   2010년

인플레이션

당신이 돈을 쥐고 있었다면   100원
당신이 아이스크림을 가지고 있었다면   1,000원

그림 2 인플레이션으로 화폐가치 하락

선생님: 겉으로 보기에는 승희 말대로 자산이 10배 상승한 셈이야. 아이스크림의 가격이 30년 동안 10배가 올랐으니. 그렇지만 30년 전이나 지금이나 이 사람에게는 아이스크림 1개가 자산의 전부야. 그때나 지금이나 아이스크림 1개밖에 없는 거야.

승희: 아, 듣고 보니 정말 그렇네요. 10배가 오른 것처럼 보이지만 물가상승률만큼만 자산이 상승한 거라, 결국 자산이 그대로인 셈이네요!

그림 3 돈을 번다는 것의 의미

선생님: 그렇지! 역시 이해가 빨라. 결국 이 사람은 물가 상승의 위험에서 벗어나 자신의 자산을 지킨 정도에 불과하지. 돈을 더 벌었다는 개념과는 거리가 있어. 돈을 벌었다는 것은 물가상승률보다 자산의 상승 속도가 빨라야 해. 즉 30년 전에 아이스크림 1개밖에 없었는데 현재 2개가 되었다면 이 사람의 자산은 2배가 되었다고 볼 수 있는 거야. 우리가 여기에서 알아야 할 개념은 바로 명목수익률과

실질수익률이야!

승희: 명목수익률과 실질수익률이요? 명목은 겉으로 내세운다는 뜻이니까 겉으로 드러나는 수익률이고 실질수익률은 음, 실제로 수익을 낸 것을 의미하는 건가요?

선생님: 굿잡! 해석이 정확하네. 다음 표로 설명해 줄게.

명목수익률이란? 인플레이션에 의한 화폐가치의 변동을 고려하지 않은 투자수익률을 말해. 즉 눈에 보이는 수익률이지. 100만 원을 투자해서 일 년만에 20만 원을 벌었다면 20%의 명목수익률을 달성한 거야.

실질수익률이란? 실질수익률은 명목수익률에서 물가상승률(인플레이션)을 뺀 수익률이야. 만약 1년 동안 물가가 7% 올랐다면 실질수익률은 20%(명목수익률)−7%(물가상승률)＝13%가 되는 것이지. 즉 100만 원을 투자해서 20만 원을 벌었다면 물가상승분 7만 원을 뺀 13만 원이 실질수익이 되는 거란다.

명목수익률　　−　　물가상승률　　＝　　실질수익률

그림 4 명목수익률과 실질수익률

다음 세 명의 사람 중 올해 실질적으로 이익을 거둔 사람은 누구일까?

	A(Win!)	B	C
명목수익률	7%	5%	3%
물가상승률		5%	

정답은?

승희: 당연히 A가 실질적으로 이익을 거두었겠네요.

선생님: 맞아. 명목상(겉으로 보기에)으로는 세 명 모두 이익을 거둔 것처럼 보이지만 물가상승률이 5%나 되었기 때문에 실질적으로 C의 자산은 오히려 감소했다고 볼 수 있어. 살 수 있는 물건의 양이 줄어든 거지. 이를 실질 구매력이 감소했다고 그래. B는 본전을 유지했다고 볼 수 있고 결국 실질적으로 수익을 낸 건 A밖에 없어.

승희: 그렇군요. 겉으로 보기에 수익을 올렸다고 모두가 다 수익을 올린 건 아니네요.

선생님: 맞아. 이야기가 좀 돌아서 왔네. 결론은 투자하는 것도 위험할 수 있지만 '투자하지 않는 것도 역시 위험하다'야. 장기적으로 인

플레이션으로 인해 실질 구매력의 감소를 가져오거든. 30년 전에 아이스크림을 사지 않고 100원을 금고 안에 가만히 놓아둔 사람과 같은 상황이 된다는 거지. 적어도 내 자산이 물가상승률만큼은 상승해야 원금이 보존되는 셈이야. 그래서 투자의 방법이 꼭 주식이어야 할 필요는 없지만, 투자라는 행위는 반드시 해야 한다고 볼 수 있지. 이것 말고도 투자해야 할 이유는 또 있어.

Lose

Win

현금을 보유한 자　　자산을 보유한 자

그림 5 현금 보유 vs 자산 보유

승희: 어떤 이유일까요?

선생님: 그건 바로 우리들의 안정된 노후생활을 위해서야. 우리는 죽을 때까지 일만 해선 살 수가 없어. 나이가 들면 신체가 쇠약해져 일을 하기 힘든 시기가 오거든. 지금이야 몸이 건강하고 돈을 잘 벌고 있으니 걱정이 없지만, 인간이라면 누구든 나이가 들어 일하지 못하는 시기가 와. 그러한 시기가 오기 전에 경제적 자립을 하려면 투자라는 행위를 통해 우리의 삶을 안정적으로 계획해야 해. 그런데 노년이 되어서도 일을 하시는 분들이 정말 많지?

승희: 맞아요. 제 주위에도 몇 분 계세요. 그리고 길거리에서 재활용품을 수거하는 어르신들을 볼 때마다 도와드려야겠다는 생각과 함께 안타까운 생각이 들 때도 있어요.

선생님: 그래, 맞아. 그분들이 열심히 살지 않은 것은 아니야. 다만 여러 가지 상황으로 인해 삶이 어려움에 처해졌을 것 같아. 표를 하나 보여줄게. 우리나라 노인들의 노후 빈곤율을 나타내는 자료야. 우리나라는 어떻니?

승희: 헛, 굉장히 높아요. 상대적 빈곤율로 봤을 때 OECD 국가 중 1위인가요?

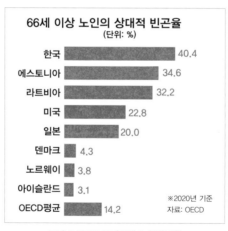

그림 6 OECD 국가들의 노인빈곤율

선생님: 그래, 우리나라는 OECD 평균에 비해 노인의 상대적 빈곤율이 매우 높은 나라야. 매년마다 다소 차이는 있지만 1~3위를 왔

다 갔다 할 정도야. 이런 수치는 나이가 젊고 일을 할 수 있을 때는 눈에 잘 들어오지 않지만, 막상 자신이 노인이 되고 노후를 보내야 할 때쯤이 되면 몸으로 체감될 만한 수치야. 거의 절반 정도의 노인이 상대적 빈곤에 노후를 걱정하고 지내거든.

승희: 안타깝고 서글픈 대한민국의 자화상이네요.

선생님: 그렇지? 그런데 노후가 어려워진 데는 이유가 있을 것 같아. 어떤 이유가 있을 것 같니?

승희: 글쎄요. '젊은 시절에 돈을 과소비했다던가' 하는 이유일까요? 아니면 무리하게 투자했다거나?

선생님: 그래. 저마다의 사정이 있겠지만 이를 조사한 자료를 보여줄게.

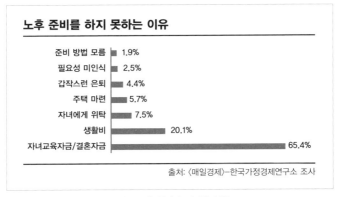

그림 7 노후 준비가 어려운 이유

승희: 이런, 결국 저희를 가르치느라 노후 자금을 마련하지 못하신 거네요. 게다가 자녀 결혼에 들어가는 결혼자금까지 부모님의 노후를 막고 있었던 거네요. 사교육비와 결혼자금이 1위라니, 나중에 부모님께 정말 효도해야겠어요. 갑자기 열심히 살아야겠다는 생각이 팍팍 드네요.

선생님: 그래. 그분들이 열심히 살지 않아서가 아니라 위와 같은 사유들이 있는 거야. 그리고 우리나라의 사교육 열풍은 다소 진정될 필요가 있을 것 같아. 경쟁이 과도하다 보니 본인의 노후 자금마저 자녀들의 사교육비에 쏟아붓는 현실이 안타깝게 느껴지거든. 이러한 선택은 때로 비이성적으로 보이기도 해. 게다가 우리나라는 OECD 국가 중 노인자살률 최상위권에 속해 있는데 자살의 원인으로 경제적 어려움이 가장 높은 비중을 차지해. 그래서 조금이라도 젊을 때 노동소득을 자본소득으로 대체하려는 노력을 해야 해.

소득의 종류

① 노동소득(근로소득) : 개인이 노동을 통해 얻는 소득이야. 노동소득은 자본소득을 올리기 위해 중요한 역할을 하지. 따라서 개인 능력의 계발을 통하여 높은 노동소득을 올리려고 노력해야 한단다.
② 사업소득 : 개인이 가게나 회사를 운영하여 얻는 소득을 말해.
③ 자본소득 : 자신이 가진 재산을 이용하여 얻는 소득이야. 돈을 빌려주거나 저축을 통해 발생하는 이자소득, 땅이나 건물 등을 빌려주고 받

는 임대소득, 연금소득, 배당소득, 지식소득(로열티, 인세, 저작권 수입 등)이 여기에 해당되는 거야.

승희: 과도한 사교육비와 자녀의 결혼 비용 등으로 인해 노후에 빈곤으로 몰리는 노인분들이 꽤 많겠어요. 결국 삶이 힘들어져서 자살까지….

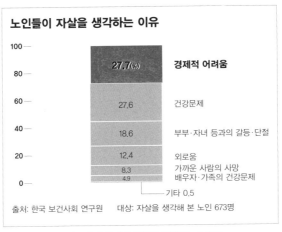

그림 8 경제 문제로 죽음을 생각하는 노인들

선생님: 맞아. 그래서 노후 준비는 일찍부터 해야 해. 자녀 교육비용이 과도해서 준비를 못 했다는 답변이 많지만, 그 밖에 다른 통계를 보면 '어떻게 준비해야 할지 몰라서'라는 답변도 꽤 있어.

승희: 투자나 금융 상품 등에 대해서 잘 모른다는 거군요?

선생님: 맞아, 투자나 금융 상품 등에 대해서 접해 볼 기회가 없을

뿐더러 학교에서 가르치지 않기 때문에 잘 알지 못하는 거야. 참 아이러니하지. 자본주의 시대를 살아가야 할 학생들에게 자본에 대해 가르치지 않는다는 것이 말이야. 대학에 가는 이유는 돈을 더 많이 벌기 위해서인데 정작 학교에서는 '돈'에 대해 가르치지 않잖아. 스스로 터득하는 수밖에 없는 셈이지. 이처럼 금융 지식이 없다 보니 국민의 절반은 노후 대비를 하고 있지 않아.

승희: 선생님 말씀을 듣다 보니 학교에서 금융과 투자에 대해 가르치지 않는다는 것이 너무 안타깝네요. 저희가 쓰고 있는 이 책이라도 많이 보급되어 학생들의 금융 공부에 대한 동기부여가 되었으면 좋겠어요.

선생님: 그래, 맞아. 위에서 설명한 대로 우리는 우리의 자산을 지키고 노후를 안정적으로 보내기 위해 투자 공부를 해야 하는 거야. 우리가 지금 주제로 잡은 주식투자도 그런 차원인 거지. 그런데 승희 부모님은 주식투자를 반대하지 않으시니?

승희: 저희 부모님은 오히려 주식을 하라고 장려하는 편이세요. 부모님도 직접 주식투자를 하시고요.

선생님: 역시! 앞서나가는 부모님이시구나. 그런데 우리나라에서는 주식투자에 대한 이미지가 안 좋은 것이 사실이야. 심지어 어떤 부모

님은 "주식투자하는 사람과 결혼할 생각은 꿈도 꾸지 마라"라고 하시는 분들도 계셔. 왜 이렇게 주식투자에 대해 안 좋은 시선을 가지고 있을까?

승희: 그건 주식이라는 것 자체가 위험자산이기 때문이 아닐까요?

선생님: 굿! 좋은 대답이야. 이 부분에 대해서 다음 챕터에서 이야기해 보자.

승희: 네, 좋아요!

정리 및 제언

1. 투자는 꼭 해야 하는 것인가에 대한 대답은 '꼭 해야 한다'이다.

2. 투자를 하는 것은 위험을 감수해야 하는 것이다. 하지만 투자를 안 하는 것도 위험을 감수하는 행위이다. 왜냐하면 인플레이션으로 인해 화폐의 가치가 계속해서 하락하기 때문이다.

3. 적어도 물가상승률만큼은 올라가는 자산(부동산 혹은 주식, 원자재, 금, 채권 등)을 보유해야 한다.

4. 돈을 번다는 것은 물가상승률보다 자산의 상승 속도가 빠르다는 의미이다.

5. 실질수익률은 명목수익률에서 물가상승률을 뺀 수익률이다.

6. 우리나라는 OECD 국가 중 노인빈곤율 1위의 국가이다. 가계수입 대비 과도한 사교육비 등의 지출로 노후준비를 못 하는 것은 안타까운 일이다.

7. 금융 선진국에 비해 금융 지식 등이 부족한 것이 큰 원인이다.

8. 투자 실력을 어릴 때부터 쌓는 것이 중요하다. 우리의 노후를 안정적으로 보내야 하기 때문이다.

9. 투자 실력을 쌓기 위해 당신이 가장 쉽게 할 수 있는 일은 '독서'이다.

10. 한 달에 몇 권의 책을 읽을지 목표를 정해 보자.

11. 해당 챕터를 읽은 소감을 간단히 정리해 보자.

....

....

....

어른들이 주식투자는
하지 말라던데요?

승희: 선생님, 지난 시간에 어른들이 주식투자를 극구 반대하시는 이유에 대해 '위험자산이기 때문'이라고 한 제 답변이 맞는 건가요?

선생님: 그래, 승희야. 맞는 말이야. 물론 여기에 좀 더 덧붙일 말들이 있어. 주식이란 자산 자체가 위험자산이기도 한데 이런 위험자산을 안전하게 다루지 않고 위험하게 다루거든. 그래서 실패할 확률이 올라가고 인생에서 재기할 수 없을 정도로 큰 아픔을 경험하기도 해. 모두 금융 지식이 부족해서 생긴 결과들이야.

승희: 음, 궁금한 게 여러 개가 생기는데요. 일단 안전자산과 위험자산의 종류가 궁금하고, 위험자산을 위험하게 다룬다는 게 무슨 말인지 궁금하네요.

선생님: 매우 좋은 질문이야. 일단 안전자산은 손실 위험이 적은 자산이야. 원금을 잃을 확률이 상대적으로 적다고 볼 수 있어. 반대로 위험자산은 기대수익률이 높지만, 변동성 또한 커서 손해를 볼 확률도 높아. 주식은 위험자산 중 하나야. 다음 그림을 볼까?

그림 9 안전자산 vs 위험자산

국가나 지방이 보증하는 채권, 신용등급이 높은 채권 등은 원금 손실의 위험이 거의 없다고 볼 수 있어. 금이나 달러는 안전자산으로 분류했지만, 어느 정도 손실 볼 가능성은 존재해. 일단 이렇게 정리하긴 했는데, 안전자산이라고 생각했던 자산조차도 위험한 상황(블랙스완)이 오면 어떻게 될지 모른다는 생각이 드네. 그래서 자산 배분(자산을 여러 가지 자산군으로 분산시켜 놓는 것)이 필요한 것이고.

블랙스완이란? 절대로 일어나지 않을 것 같은 일이 일어나서 경제적으로 엄청난 충격, 파급효과를 가져오는 상황을 의미하는 경제용어야. 누구도 예측하지 못한 일로 충격적인 경제 위기가 발생하는 것이지.
절대 존재하지 않을 것 같았던 검은색 백조가 1697

년 오스트레일리아에서 발견되었지. 블랙스완은 백조는 희다고만 생각하던 통념이 깨짐으로써 등장하게 된 용어라고 보면 돼. 대표적인 사례로 1933년 대공황과 1987년 블랙 먼데이, 2001년 911테러, 2007년 서브프라임 모기지 사태, 2020년 코로나19 같은 것들이 있어. 간단하게 서브프라임 모기지 사태에 대해서만 이야기 해줄게.

서브프라임 모기지 사태란? '모기지'란 주택을 담보로 해서 대출을 해주는 상품을 말해. 서브프라임은 신용이 안 좋은 사람들을 뜻하지. 미국의 부동산 가격이 계속해서 올라가자 은행과 금융사들은 신용등급이 안 좋은 사람들에게도 주택을 담보로 대출해 주기 시작했어. 어차피 부동산 가격이 올라가면 신용등급이 안 좋은 사람들이 빚을 못 갚는다 하더라도 주택을 경매에 붙여 쉽게 대출을 회수할 수 있다고 생각했거든. 하지만 집을 살 사람들이 줄어들자 천정부지로 뛰어오른 집값은 어느새 폭락하기 시작했고, 돈을 빌려준 은행과 대출을 기초로 한 투자상품들도 전부 망한 거야. 그로 인해 달러화의 가치와 미국 경제가 나빠지면서 연쇄적으로 세계 경제에 큰 타격을 입힌 사건이야.

승희: 선생님, 안전자산과 위험자산의 분류를 어느 정도 알겠어요. 그런데 부동산은 안전자산 아닌가요?

선생님: 보통 부동산을 안전하다고 생각해. 주식처럼 상장폐지(주식이 매매 대상으로서의 자격을 상실해 상장이 취소되는 것, 주식을 매매할 수 없는 상태가 되므로 휴지 조각이나 다름없어.)가 되는 것도 아니고 부동산은 사라지지도 않는데, 왜 위험자산으로 분류했냐는 거지?

이를 이해하기 위해서는 대출(레버리지)에 대해 이해할 필요가 있어. 보통 부동산을 매수할 때는 대출을 많이 이용하거든. 심지어 부동산 가격의 100%를 대출로만 사는 경우도 있어.

레버리지(Leverage)란? 보통 '지렛대'를 의미하는데, 경제학에서의 레버리지 효과란 타인의 자본을 끌어와 지렛대로 삼아 자기자본 이익률을 높이는 것으로 '지렛대 효과'라고도 해. 즉 대출 혹은 전세자금 등을 활용하여 투자할 때 많이 사용되는 용어야. 전세자금 같은 경우, 2억 원짜리 집을 살 때 전세금 1억 5,000만 원을 끼고 매수한다면 자기 돈은 5,000만 원만 있으면 되니까 대출을 이용하는 것과 같은 효과가 있거든.

– 긍정적인 측면: 타인의 자본으로 자신의 자산을 빠르게 불릴 수 있다.
– 부정적인 측면: 자산 가치 하락 시 큰 손실을 볼 수 있다.
– 좋은 레버리지: 대출 상환기간이 길며(1년 이상) 저금리의 상품
– 나쁜 레버리지: 대출 상환기간이 짧으며(1년 미만) 고금리의 상품

레버리지에는 긍정적인 면과 부정적인 면이 함께 존재해. 투자 실력을 쌓으면서 좋은 레버리지는 조심스럽게 사용해도 되겠지만, 자신이 감당하기 어려운 정도의 레버리지는 추후 큰 손해로 되돌아올 수 있어서 조심해야 해.

승희: 자기 돈이 하나도 없이 100% 대출로만 부동산을 구매한다고요? 그런 게 가능한가요?

선생님: 응, 충분히 가능해. 일반적으로 부동산은 대출을 많이 일으켜서 구매하는 상품이야. 그런 만큼 위험한 상황이 발생할 수 있어. 예를 들어볼게. A씨가 1억 원짜리 아파트를, 8,000만 원 대출을 받아서, 구매했다고 해보자. 그렇다면 자기 돈은 2,000만 원이 들어간 거야. 그런데 아파트 가격이 경기침체로 10% 하락해서 9,000만 원이 됐다고 하자. 그러면 이 사람은 몇 %를 손해 본 걸까?

승희: 음, 자산 가격이 1,000만 원 하락해서 10% 손실을 본 것 같지만, 자신이 투자한 원금 2,000만 원 대비라면 50% 손해를 본 건가요?

부동산 구매에 레버리지를 사용한 경우

그림 10 부동산 레버리지를 쓴 상태에서 10% 하락시

선생님: 와우! 정확히 말했어. 부동산 가격은 10%가 하락했지만, 실제 자신의 자산은 반토막이 났어. 자산이 반토막 나는 건 주식시장에서나 있는 일인 줄 알았는데 부동산에서도 쉽게 발생할 수 있어. 그 이유는 방금 말했듯이 높은 대출을 일으켜서 부동산을 구매하

기 때문이지. 그래서 위험자산으로 분류한 거야. 게다가 우리나라 같은 경우는 가계 자산의 70%가 부동산으로 이루어져 있어서 부동산 하락기에 가계 자산이 더욱 취약해지는 단점이 있어.

선생님: 그런데 위의 상황에서 부동산이 10% 하락이 아니라 30% 하락하면 어떻게 될까?

승희: 헐, 내 원금 2,000만 원은 모두 날아가고 되레 빚만 1,000만 원이 생긴 건가요!?

부동산 구매에 레버리지를 사용한 경우

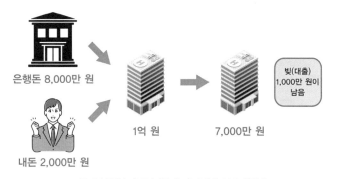

그림 11 부동산 레버리지를 쓴 상태에서 30% 하락시

선생님: 맞아, 투자 원금이 제로(0)가 되는 것도 모자라 오히려 빚만 떠안게 되는 셈이지. 위 상황이 1억 원짜리 아파트가 아니라 10억 원짜리 아파트라면 어떻게 될까? 내 돈 2억 원을 모두 날리고도 1억 원의 빚이 생기게 된 거야. 주식시장에서 일어나는 일도 이와 유사

해. 자산이 상승한다면 레버리지만큼 큰 이득을 볼 수 있지만 하락기에는 이처럼 매우 큰 손해를 볼 수도 있다는 사실을 알아야 해.

승희: 그렇군요. 이해했어요. 대출을 많이 끌어다 쓴 만큼 작은 하락에도 큰 손실을 볼 수 있다는 거네요. 그렇다면 다시 위 질문으로 돌아가서 주식을 위험하게 다룬다는 건 무슨 뜻인가요?

선생님: 방금 말했던 것과 비슷해. 자신이 보유하고 있는 현금만 가지고 주식투자를 하는 것이 아니라 대출(레버리지)을 일으켜서 투자하거든. 그런데 주식은 부동산보다 변동성이 더 크기 때문에 20% 이상의 하락 시기를 지나는 경우도 꽤 빈번해. 만약 그런 경우 대출을 많이 일으켜서 주식투자를 하고 있다면 어떻게 될까?

승희: 손실이 크니 엄청나게 괴로울 것 같아요. 레버리지만큼 손해가 클 테니까요. 그런데 주식은 버티면 올라가는 경우도 있으니까 하락기에도 손해를 보고 팔지 않으면 나중에 회복할 수 있지 않을까요?

선생님: 맞아, 주식은 그런 경우가 많아. 하락기를 잘 버티고 나면 대세 상승기에 투자의 과실을 맛볼 수 있지. 그런데 그건 자기 돈으로만 투자했을 때 한해서야. 왜냐하면 주식 관련 대출은 부동산 대출과는 조금 성격이 다르거든. 부동산은 가격이 하락한다고 은행에서 대출금을 갚으라고 독촉하는 경우는 별로 없어. 그냥 매달 원금과

이자를 조금씩 갚아나가면 돼. 최대 30년까지 상환기간(빚 갚는 기간)을 길게 가져갈 수 있거든. 그러다가 나중에 부동산 가격이 회복을 하기도 하기도 해. 그런데 주식은 조금 달라. 주식은 주식 가격이 일정 비율 이하로 하락하면 주식을 담보로 돈을 빌려준 증권사가 해당 주식들을 강제로 주식시장에 매도(팔아버리는 것)해 버려서 자신들의 대출금을 회수해 가. 이걸 반대매매라고 해.

3일 결제제도란?

우리가 일상생활 중에 하는 대부분의 거래는 현장(?)박치기가 기본입니다. 예를 들어 슈퍼에서 새우깡을 샀다면 그 자리에서 돈을 주는 게 예의입니다.

하지만 주식시장은 다릅니다. 월요일날 주식을 샀다면 수요일까지만 입금하면 됩니다. 물론 금요일날 주식을 샀다면 토요일과 일요일은 건너뛰고 화요일날 입금을 하면 됩니다.

주식을 사고 바로 그 자리에서 돈을 주는 게 아니라 3일 안에만 입금해 주면 되는 것입니다. 그래서 이것을 어려운 말로 3일 결제제도라고 합니다. 쉽게 말해 '3일짜리 외상'이라고 생각하시면 됩니다.

물론 그렇다고 완전 100% 외상은 안 됩니다. 증권사마다 다르지만 대체로 구입금액의 최대 60%까지만 외상이 됩니다. 만약 주식을 100만 원어치 사고 싶다면 계좌에 40만 원이 있어야 합니다. 그래야 60만 원의 외상을 할 수 있습니다.

반대매매란?

예를 들어 오늘이 월요일이고 100만 원어치 주식을 사고 싶은데 수중에 50만 원밖에 없습니다. 그럴 때는 증권사로부터 50만 원의 미수 대출을 받을 수 있습니다. 그리고 수요일까지만 50만 원을 증권사에 입금하면 아무 문제가 없습니다. 주식시장은 오늘 주식을 매수해도 3일째 결제가 되기 때문입니다. 그런데 수요일까지 입금하지 않았다면 문제가 심각해집니다. 이런 일이 일어나면 제일 골치 아픈 사람은 주식을 판 사람입니다. 주식을 팔았는데 돈이 입금되지 않으니 이거 난처합니다.

이런 일이 일어나면 어쩔 수 없이 증권사가 나설 수밖에 없습니다. 증권사가 자기 돈으로 일단 주식을 판 사람의 계좌에 매수자를 대신해 돈을 넣어줍니다. 참 다행스러운 일이지만 증권회사 입장에서는 번거로운 일입니다. 그리고 주식구매대금을 알아서 입금하지 않은 주식 구매자가 얄미울 수밖에 없습니다.

따라서 당연히 보복 조치가 있습니다. 증권회사는 목요일 아침에 외상 금액에 해당하는 만큼의 주식을 강제로 팔아버리는데 이것을 가리켜 어려운 말로 반대매매라 합니다.

그런데 반대매매가 무서운 결과를 불러올 수도 있습니다. 왜냐하면 적당히 높은 가격에 팔아주는 것이 아니라 가장 낮은 가격으로 주문을 내어버리기 때문입니다. 다행히 주식을 사려는 사람이 많으면 비싼 가격에 팔 수 있지만, 주문을 내는 날 주식을 사려는 사람이 별로 없으면 똥값에 주식이 팔릴 수도 있습니다.

아주 극단적으로는 이런 것도 가능합니다. 내 돈 40만 원, 외상 60만 원으로 월요일 날 아침에 100만 원짜리 주식 1주를 샀습니다. 그런데 헉씨! 이게 웬일? 갑자기 오후 들어 주가가 폭락하더니 85만 원까지 떨어졌습니다. 당장 팔까 고민했지만, 내일은 뛸 것으로 생각해서 주식을 팔지 않았습니다.

대망의 화요일날! 이게 어떻게 된 일입니까? 주식 가격이 72만 원으로 떨어졌습니다.

내일은 가격이 오를 것이라고 믿어 의심하지 않았는데 수요일 날도 주식이 떨어져 65만 원이 되었습니다.

그런데 더더욱 황당한 일! 친구에게 빌려줬던 돈을 수요일에 받아서 외상 대금 60만 원을 입금하려 했는데 친구가 연락이 안 됩니다. 결국 입금을 못했습니다.

자! 이렇게 되면 목요일에 어떤 일이 일어날까요? 당연히 증권회사에서 반대매매를 합니다. 즉 강제로 주식을 팔아버립니다. 그런데 목요일날 주식을 사려는 사람이 없어서 주식이 50만 원에 팔렸다고 가정해 봅시다. 이렇게 되면 정말 큰일이 난 것입니다. 가지고 있는 주식을 다 팔았지만, 증권회사에 진 빚 60만 원을 모두 못 갚게 된 것입니다. 결국 4일 만에 원금 40만 원을 다 날리고, 증권회사에 빚만 10만 원이 남은 것입니다.

물론 외상으로 주식을 살 때만 해도 희망에 부풀어 있었습니다. 월요일날 100만 원을 주고 산 주식이 화요일날 115만 원, 수요일 날 130만 원! 만약 이렇게만 된다면 60만 원을 갚더라도 70만 원이 남습니다. 3일 만에 40만 원이 70만 원으로 변신을 한 것입니다. 꺄악~ 기분 제대로 좋습니다.

이런 희망과 확신이 들어서 외상을 했는데 결과는 반대매매로 인해 전 재산을 모두 날리고 빚 10만 원만 생기게 된 것입니다. 만약 금액이 이보다 10배, 100배 크다면 어떨까요?

만약 외상으로 주식을 사지만 않았어도 기회가 있었습니다. 주식이 50만 원까지 폭락하더라도 오기로 버틸 수가 있었습니다. 까짓것 손자한테 물려준다는 각오로 기쁘게 버틸 수도 있었는데 외상으로 주식을 산 덕분에 10만 원의 빚만 생긴 것입니다.

승희: 와, 정말 무섭네요. 만약 자기 돈으로만 주식을 매수했다면 하락기를 버텨낼 수 있었을 텐데, 증권회사 대출을 이용하니 주식 가격이 하락한다면 무서운 일이 일어나네요.

선생님: 그렇지. 증권회사 대출은 보통 미수, 신용거래, 주식담보 대출이 있어. 상환기간은 미수는 빌린 날로부터 3일째에 갚아야 하고 신용거래는 평균 90일, 주식담보 대출은 상환기간이 이보다 더 길기도 해. 그런데 중요한 건 주식시장이 하락해서 증권사에서 빌린 돈을 못 받을 것 같으면 대출금액 대비 일정 비율 이하에서 반대매매(청산)를 진행해. 어쨌든 주식을 담보로 해서 대출을 받는 3가지의 방식은 굉장히 위험한 방식이고 안전하지 못한 방식으로 주식거래를 하는 거야. 인생에서 재기할 수 없는 실패를 맛본 경우는 이와 같은 레버리지를 과도하게 쓴 경우들이야.

승희: 그렇군요. 반대매매란 것이 있다는 것을 처음 알았어요. 저렇게 위험하게 주식투자하는 사람들이 있다니, 도박이나 다름없다는 생각이 드네요.

그림 12 미수거래에서 주식 강제처분 기간

선생님: 그렇지? 도박처럼 주식투자를 하고, 또 운이 좋으면 돈을 따기도 하고, 또 큰돈을 쉽게 잃기도 하니 특히 우리 어르신 세대들은 주식을 도박으로 이해하는 게 어쩌면 당연한 일인 듯싶어. 그러니 절대 주식을 담보로 한 대출로 무리하게 투자해서는 안 돼. 될 수 있으면 자기 돈으로 투자해야 해. 그리고 단기에 쓸 자금으로 투자하면 안 되고.

승희: 단기란 어느 정도를 말씀하시는 건가요?

선생님: 음, 적어도 3~5년?

승희: 3~5년 안에 쓸 자금으로는 투자하면 안 되는군요. 왜 그런가요?

선생님: 그건 다음 챕터에 설명할게!

승희: 네!

정리 및 제언

1. 주식은 기본적으로 위험자산 중 하나이다.

2. 일반적으로 안전자산은 채권, 금, 달러 등이 있고 위험자산은 주식, 부동산, 원자재 등이 있다.

3. 주식이란 자산은 기본적으로 변동성이 크기 때문에 레버리지를 될 수 있으면 사용하지 않는다.

4. 레버리지도 좋은 레버리지와 나쁜 레버리지가 있다.

5. 원금 상환기간이 짧고, 대출금리(대출이자)가 높다면 나쁜 레버리지이다.

6. 레버리지는 투자 이익을 높일 수 있지만 하락기에는 큰 손실을 볼 수 있다.

7. 레버리지는 장단점이 존재하므로 자신의 투자 실력을 충분히 높인 후에 사용하여야 한다.

8. 해당 챕터를 읽은 소감을 간단히 정리해 보자.

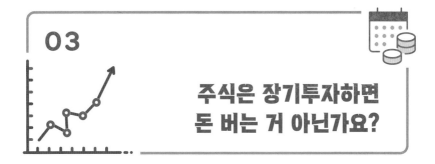

03

주식은 장기투자하면
돈 버는 거 아닌가요?

선생님: 그래, 지난 시간에 주식투자를 하기 위한 자금 이야기를 했었지? 단기에 쓸 자금으로는 투자하지 말라고….

승희: 맞아요. 그때 이후로 제가 생각해 봤는데 혹시 단기적으로는 주식시장이 하락했다 회복되지 않을 수도 있어서 그러는 건가요? 저희 부모님도 좋은 기업에 장기간 묻어두면 돈을 번다고 금방 쓸 돈으로는 주식투자를 하지 말라고 하셨거든요.

선생님: 맞아, 승희야. 역시 부모님이 잘 코치해 주니 승희도 금방 이해하는구나. 그런데 장기투자라고 하는데 얼마나 장기투자해야 할까? 주식시장이 하락했다가 회복하는 데 보통 얼마나 걸릴까?

승희: 음, 그건 잘 모르겠어요! 길어도 3~4년 정도 지나면 회복하지

않을까요?

KOSPI(코스피) 지수란? 우리나라에는 주식시장을 거래하는 시장이 2개가 있는데 하나는 코스피 시장이고 하나는 코스닥 시장이라는 곳이야. 코스피 시장은 삼성전자, SK하이닉스, 네이버, 카카오 같은 대형 우량주를 주로 거래하는 시장이야. 코스피 지수라는 것을 산출하기 위해 1980년 1월 4일 코스피 시장에 있는 전체 기업의 시가총액을 100이라고 정한 거야. 현재(2023년 1월) 코스피 지수가 2400 정도이니 1980년에 비해 24배 성장했다고 볼 수 있어. 코스피 지수는 쉽게 말하면 코스피 시장에 있는 모든 기업의 평균치라고 볼 수 있어.

KOSDAQ(코스닥) 지수란? 코스닥 시장은 미국의 첨단 기술주 중심인 NASDAQ(나스닥) 시장을 본따 만든 시장이야. 주로 중소기업들과 신생기업 위주로 거래하는 시장이야. 코스피 지수처럼 코스닥 지수를 산출하기 위해 1996년 7월 1일 코스닥 기업의 전체 시가총액을 1000이라고 정한 거야. 현재(2023년 1월) 코스닥 지수가 730 정도이니 코스닥 시장은 오히려 기준일보다 축소됐다고 볼 수 있어.

우리나라(한국)의 주식시장

KOSPI 시장	KOSDAQ 시장
대형 우량주 거래시장 예) 삼성전자, LG전자	중소기업, 신생기업 위주의 시장 예) 하이브, 카카오게임즈

그림 13 한국의 주식시장(코스피, 코스닥)

선생님: 경우에 따라 다르지만, 다음 그래프를 볼까? 네이버 증권 화면에서 1990년부터 코스피 지수 추이를 그래프로 볼 수 있어. 1991년에 코스피가 600 정도이고 지금(2023년 1월)은 2400 정도이 니 1991년부터 코스피에 장기투자를 한 경우는 투자 원금이 4배로 불었을 거야. 승희도 그래프를 보고 느껴지는 게 있니?

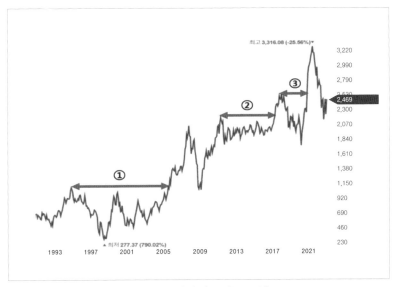

그림 14 코스피 차트(1991년~2022년)

승희: 네! 장기간 투자를 한 사람은 확실히 돈을 벌었겠네요. 그렇지 만 중간중간 변동성이 매우 커서 하락기에는 투자자들이 매우 힘들 었을 것 같아요.

선생님: 그래, 투자자들이 얼마나 힘든 기간을 견뎌왔는지 그 기간

을 살펴볼까? ①번 기간을 보면 고점을 찍고 하락해서 다시 전 고점을 회복하는 데 1994년부터 2005년까지 무려 11년이나 걸렸어.

승희: 11년이요? 그럼 다시 원금을 회복하는 데 11년이 걸렸단 말씀인가요?

선생님: 응. 원금을 회복하는 데 11년이 걸렸다는 소리야. 아마 대부분은 저 기간을 버티지 못하고 중간에 손절(손해보고 주식을 파는 행위)을 했겠지. 11년이란 시간은 굉장히 긴 시간인데 아무리 장기투자자라 하더라도 견디기 힘든 기간이었을 거야. ②번 기간은 6년 정도 되고 ③번 기간은 3년 정도가 돼. 기간마다 고점에서 산 투자자들은 원금을 회복하기 위해 위의 기간을 버텨야 하는 상황에 놓이게 된 거야. 전고점에서 다시 전고점을 회복하는 데 걸리는 기간을 언더 워터(Under Water) 기간이라고 해. 즉 수면 속에 잠겨있는 기간이라는 뜻이야. 2000년 이후로 언더워터 기간이 점점 짧아지는 추세이긴 하지만, 주식이 비쌀 때 매수하게 되면 주식시장은 저렇게 혹독한 시련을 주지.

승희: 와, 단순한 그래프인 줄 알았는데 선생님 말을 들으니 그래프가 다른 느낌으로 다가오네요. 갑자기 주식투자가 무섭다는 생각이 들어요.

선생님: 사실 이 책을 읽는 독자들에게도 하고 싶은 말은 그거야. 주식투자는 위험자산이라는 거지. 사실 주식투자를 하는 대다수 투자자가 주식투자를 너무 쉽게 생각하는 것 같아. 가전제품 하나를 살 때도 하루 종일 제품을 비교 분석해서 최적의 상품을 구매하는 반면, 주식을 매수할 때는 버스에서 귀동냥으로 들은 기업에 자기 재산 상당수를 투자하거든. 그런 식의 투자는 결국 실패할 수밖에 없어. 그래서 주식투자에 대해서는 늘 신중한 태도를 견지하는 게 좋아. 주식투자를 통해 돈을 벌 수 있다는 기대감보다는 주식투자를 신중히 해야 한다는 의도를 독자들에게 먼저 전하고 싶어.

승희: 선생님 의도에 충분히 이해가 가요. 저도 그게 정말 중요하다고 생각해요. 그런데 선생님 위의 그래프는 전체 코스피 지수(평균)를 나타낸 그래프인데 개별 기업의 주가는 ①, ②, ③번 구간에도 오르는 경우가 있지 않았을까요?

선생님: 맞아. 전체 시장지수가 평균이기 때문에 전체종목도 거의 추세를 따라가지만 어떤 종목들은 시장과는 별개로 더 올라가기도 하고 더 떨어지기도 해.

승희: 왜 전체 평균과는 별개로 움직이는 주식들이 있는 건가요?

선생님: 음, 그건 여러 가지 이유가 있어. 실적(영업이익)이 매년 오르

는 기업들은 주가가 오르기도 하고, 지수는 오르지만, 실적(영업이익)이 떨어지는 기업들은 주가가 내려갈 때도 있어. 또 어떤 주식들은 테마주 등의 투기 광풍에 휩싸여 올라가는 일도 있고 반대인 경우도 있어. 예를 들어볼게. 먼저 고려신용정보라는 회사의 주가에 대한 10년간의 차트야. 채권추심업을 전문으로 하는 회사지. 쉽게 말하면 합법적으로 돈을 돌려받는 영업행위를 하는 회사야. 이 회사의 주가는 어떤 것 같니?

그림 15 고려신용정보 주가 차트

승희: 와, 꾸준히 올라가네요. 물론 최근은 고점 대비 하락한 상태이긴 하지만요.

선생님: 맞아, 고려신용정보는 10년 전보다 회사의 실적이 무려

30배가량 폭증했어. 그리고 주가는 회사의 실적과 더불어 10배 정도가 상승했지.

승희: 그렇군요. 고려신용정보는 실적에 따라 주가가 꾸준히 상승했군요. 그러면 실적이 꾸준히 상승하는데 주가가 하락하는 경우도 있을까요?

선생님: 물론 있지. 담배 사업을 영위하는 KT&G 같은 경우는 10년 전보다 실적이 2배 가까이 좋아졌음에도 불구하고 주가는 내리막길을 걷고 있어.

그림 16 KT&G 주가 차트

승희: 어? 실적이 좋아지는데 주가가 왜 내려가는 거죠?

선생님: 아무래도 미래 사업에 대한 기대감이 없어서 그렇지 않을까? 담배 사업은 미래에 큰 기대가 되는 업종은 아니니까….

승희: 하하…. 참 주식시장은 복잡하고 미묘하네요.

선생님: 맞아, 그래서 주식투자로 크게 실패한 천재 과학자 뉴턴도 "천체의 움직임은 계산할 수 있지만 사람의 마음은 도무지 헤아리기 어렵다"라는 명언을 남겼지. 이렇게 실적이 좋아지는데 하락하는 종목이 있는가 하는 반면 실적은 형편없고 돈 한 푼 못 버는 회사임에도 불구하고 테마주에 편승하여 무섭게 주가가 상승하는 경우도 있어. 다음 차트를 볼까?

그림 17 신풍제약 주가 차트

승희: 와, 한때 3,000원대였던 주가가 순식간에 20만 원대까지 간 적이 있었군요. 저 피뢰침 같은 점을 보니 아찔하네요.

선생님: 그렇지? 신풍제약은 빌 게이츠와 함께 코로나 치료제 등을 개발한다는 코로나 테마에 편승하여 한때 저렇게 무서운 주가 폭등을 했고 피뢰침 같은 구간에 탑승한 대다수 개미들은 이후 큰 손실을 맛보기도 했어. 그런데 이 회사의 영업실적을 한번 볼까?

기업실적분석

주요재무정보	최근 연간 실적				최근 분기 실적				
	2020.12	2021.12	2022.12	2023.12 (E)	2022.03	2022.06	2022.09	2022.12	2023.03
	IFRS 연결	IFRS 연결	IFRS 연결	IFRS 연결	IFRS 연결	IFRS 연결	IFRS 연결	IFRS 연결	IFRS 연결
매출액(억원)	1,978	1,892	2,093		468	504	534	588	484
영업이익(억원)	78	-143	-340		-70	-34	-142	-97	-116
당기순이익(억원)	50	-115	-353		-53	-46	-93	-170	-70

그림 18 신풍제약의 영업실적

승희: 이런…. 영업이익과 순이익이 정말 형편없네요. 매년마다 적자를 내고 있는 회사가 이렇게까지 고평가를 받는 게 정말 희한한 일이네요.

선생님: 물론, 그 이후 거품은 꺼졌지만, 우리나라에서는 바이오주가 이런 식으로 테마에 편승하여 상승하는 경우가 비일비재해. 이성적으로 이해가 가지 않는 상황이 주식시장에서는 자주 벌어져. 그리고 올라가는 주가를 보며 나도 그 분위기에 편승하고 싶은 탐욕을 느낄

때도 있어. 하지만 이런 테마주에 탑승하여 주식투자를 망친 투자자가 수없이 많아. 순식간에 큰 손실을 입기 때문에 다시 재기하기 힘들 정도로 큰 손해를 볼 수도 있어. 그래서 주식시장에서는 공포와 탐욕(Fear & Greed)을 잘 다스리는 것이 필요해.

승희: 선생님, 주식시장은 참 복잡하고 미묘한 것 같아요.

선생님: 그렇지? 그래서 주식투자가 쉽지 않은 거야. 게다가 주식시장에는 수많은 주체가 매매의 주체로 참여하게 돼. 크게 3가지로 나누자면 개인, 외국인, 기관으로 나누어지는데, 굳이 하나를 더 추가하자면 컴퓨터(?)까지 추가할 수 있어. 컴퓨터가 매수매도 알고리즘에 의해 사기도 하고 팔기도 하지. 내가 매수하는 주식은 컴퓨터 알고리즘이 매도하는 주식일 수도 있어. 그러니까 주식시장은 체급 없는 격투장이 되기도 하는 셈이지. 내가 지금 매수하는 주식은 워런 버핏이 던진(매도한) 주식일 수도 있고, 내가 던지는 주식을 빌 게이

주식시장의 3주체

개인   기관   외국인

무제한 체급의 격투장 = 주식시장

그림 19 주식시장의 3주체

츠가 매수할 수도 있는 거지.

승희: 체급 없는 싸움이라는 게 재미있기도 하고 한편으로 겁도 나네요. 그렇지만 정말 흥미롭기는 해요. 혹시 선생님은 코인(가상화폐)에는 투자 안 하세요? 저도 관심이 있기는 하지만 전혀 모르는 영역이라 궁금하기만 해요. 주위에서 코인 투자로 '대박이 났다, 쪽박이 났다' 이런 이야기들이 많이 들려오는데, 선생님 의견도 듣고 싶어요.

선생님: 선생님도 코인 투자는 잘 모르는 영역이야. 그렇지만 투자 의견에 관해서는 이야기해 줄 수 있어. 다음 챕터에서 이야기해 볼까?

승희: 네!

정리 및 제언

1. 우리나라에는 주식을 거래하는 두 종류의 시장이 있는데 하나는 KOSPI(코스피) 시장이고 하나는 KOSDAQ(코스닥) 시장이다.

2. 코스피 시장은 주로 대형우량주를 거래하는 시장이고, 코스닥 시장은 중소기업 혹은 신생기업이 주로 거래되는 시장이다.

3. 장기적으로 코스피는 우상향하지만, 변동성으로 인해 손실을 본 투자자가 원금을 회복하기까지 수년 이상 걸릴 수 있다.

4. 전고점에서 다시 원래의 전고점까지 이르는 기간을 언더워터(Underwater) 기간이라고 한다.

5. 개별 기업의 실적, 테마 등에 의해 시장지수와는 별개로 주가가 움직이기도 한다.

6. 주식시장은 개인, 외국인, 기관이 매수와 매도를 반복하는 체급 없는 전쟁터이기도 하다.

7. 해당 챕터를 읽은 소감을 간단히 정리해 보자.

04

암호화폐를 사는 것도 투자인가요?

선생님: 승희도 코인 투자에 관심이 있니?

승희: 네, 제 주위에도 코인 투자를 하는 분들이 계시거든요. 저도 해보고 싶긴 한데, 무섭기도 하고 주식에 비해 아는 정보가 적다 보니 그냥 막연한 생각뿐이에요.

선생님: 그렇구나. 우리가 주식이든, 부동산이든, 암호화폐든 투자하는 목적은 모두 같아. 그게 뭘까?

승희: 돈을 버는 것 아닌가요?

선생님: 맞아! 투자는 결국 현재의 가치를 미래의 더 높은 가치와 맞바꾸기 위해 소비를 미루는 행위인 거지. 그런 면에서 보면 코인을

사는 것도 투자라고 볼 수도 있어. 하지만 결국에는 투자보다는 투기라는 행위에 더 가깝다고 생각해.

승희: 투기는 나쁜 것 아닌가요? 투자와 투기, 뭔가 알 것 같은데 의미 차이를 정확히 모르겠어요. 어떤 차이가 있을까요?

선생님: 투자와 투기를 명확히 구분 짓긴 어려워. 일단 사전적으로는 어떻게 정의되어 있는지 알아볼까? 투자(invest)는 미래에 이익을 얻기 위해 가치가 높아지길 기대하며, 자본을 대거나 시간과 정성을 쏟는 행위라고 할 수 있어. 반대로 투기는 기회를 틈타 높은 가격에 팔아 큰 이익을 볼 목적으로, 위험 거래의 빈도가 높아. 위험 거래란 곧 상승할 것 같은 자산을 매입해서 단기간에 수익을 볼 목적으로 하는 거래 행위야. 투기는 가치에 대한 고려가 없기 때문에 추후 자산의 급락이 큰 손해를 불러올 수 있는 경우도 많아. 이 정도 설명했지만, 개인마다 투자의 목적과 의도는 자세히 알 수 없기 때문에 투자와 투기를 명확하게 구분하기는 힘들다고 봐. 마치 내가 하면 로맨스, 남이 하면 불륜인 것처럼.

승희: 그렇군요. 그렇다면 코인에 투자하는 것은 투자가 아니라 투기라고 보시는 건가요?

선생님: 응, 투기라고 봐. 왜냐하면 코인은 가치가 없는 자산이거든.

무슨 말이냐면, 예를 들어 아파트라는 부동산은 '주거'라는 가치를 제공해. 누군가가 안락하게 살 수 있는 공간을 제공하는 거지. 그래서 내가 가진 아파트가 비록 팔리지 않는 경우가 있다 하더라도 임대를 통해 월세 수익을 창출할 수도 있고, 내가 직접 거주할 수도 있어서 가치에 대한 측정이 가능해. 주식도 마찬가지야. 나중에 설명하겠지만 주식은 기업의 일부이기 때문에 주식을 가지고 있다면 배당금도 받을 수 있고 기업의 가치가 올라감에 따라 주식의 가치가 올라가기도 해. 그래서 주식도 가치를 측정할 수 있는 지표가 여러 가지가 있어. 그런데 코인을 소유하는 것만으로는 창출할 수 있는 가치가 없어. 물건을 살 수도 없고 심지어는 구멍가게의 사탕 하나조차 구매할 수 없거든. 코인으로 돈을 벌기 위해서는 딱 1가지 경우만이 존재해.

승희: 어떤 경우인가요?

선생님: 그건 바로 내가 산 가격보다 높은 가격에 코인을 사줄 누군가가 존재할 때만 가능해. 그래야만 돈을 벌 수 있고, 거기에만 의존하는 코인이라는 상품은 투기에 가깝다고 생각해. 코인을 가지고 있다고 주식처럼 배당금이 나오거나 부동산처럼 임대수익이 나오는 것이 아니거든. 투자자로 유명한 워런 버핏도 "코인의 가치는 0이다"라는 말을 했어. 버핏은 주식을 농장에 비유했어. 만약 어떤 사람이 농장을 가지고 있는데 농장을 팔려고 할 때 시장 상황이 좋지 않아 팔리지 않는 거야. 그렇다 하더라도 농장 주인에게는 문제 될 것

이 전혀 없어. 왜냐하면 농장에서 여러 가지 농작물을 키워서 팔 수 있고 가축들을 키워서 수익을 계속 창출할 수 있거든. 주식도 기업의 일부이기 때문에 내가 가지고 있는 훌륭한 기업의 주식은 계속해서 나에게 수익을 창출해 줄 수 있어. 워런 버핏이 코카콜라 주식을 30년간 보유하고 있는 이유도 그 때문이야. 배당금이 계속해서 나오거든. 그래서 굳이 팔리지 않아도 충분한 가치가 있다고 보지만, 코인은 가지고 있는 것 자체로는 어떤 가치를 창출하지 않기 때문에 투자 가치가 없다고 볼 수 있는 셈이지.

	투자(investment)	투기(speculation)
개념	미래에 이익을 얻기 위해 가치가 높아지길 기대하며, 자본을 대거나 시간과 정성을 쏟는 행위	기회를 틈타 높은 가격에 팔아 큰 이익을 볼 목적으로 하는 행위
시간	중기 및 장기	단기
태도	보수적	적극적
결정 기준	기본적이고 기초적 요인 기준	차트 분석, 시장 심리 등을 분석
위험도	중간, 높음	매우 높음

표 1 투자와 투기

승희: 그렇군요. 가치가 없다….

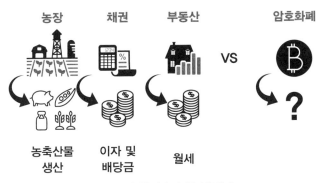

농장 채권 부동산 암호화폐

VS

농축산물 생산　이자 및 배당금　월세　?

그림 20 가치측정이 어려운 암호화폐

선생님: 물론 가격의 변동성을 이용한 트레이딩(짧은 기간에 사고 파는 행위)으로 돈을 버는 사람들도 여럿 존재해. 하지만 트레이딩의 영역에서 돈을 벌기란 굉장히 어려운 일이야. 고수의 반열에 올라서야 가능하며 트레이더 중에서도 파산한 케이스를 많이 찾아볼 수 있어. 그래서 이런 방식의 투자 행위는 지속 가능하지 못하다고 생각해. 혹시 튤립 버블이라고 들어본 적이 있어?

승희: 튤립 버블이요? 튤립꽃 말씀하시는 건가요?

선생님: 응, 튤립 버블은 17세기 네덜란드에서 벌어진 과열 투기 현상인데, 역사상 최초의 버블 경제 현상으로 꼽히고 있어. 당시 네덜란드는 작물산업의 호황과 동인도회사 등에 기초한 풍부한 재정에 힘입어 유럽에서 가장 높은 1인당 국민소득을 기록했고, 이에 따라 부에 대한 개인들의 과시욕이 상승하면서 튤립 투기가 발생하게 된 거야.

승희: 튤립으로 투기를 하다니 재밌네요.

선생님: 시장에서 엄청나게 불어난 자본은 갈 곳을 잃어 새로운 투자처를 찾기 시작했고, 이때 사람들의 관심을 끈 것이 튤립이야. 튤립 자체가 희귀한 시절이어서 돈이 많은 사람만 튤립을 소유할 수 있었대. 또 희귀한 튤립은 가격이 상당히 비싸서 튤립의 보유 여부가 부의 기준이 되는 시대였다고 해. 튤립은 점점 비싸게 거래되었고 튤립의 '구근'이라고 하는 알뿌리 확보에 몰두하기 시작했대. 1636년 내내 오르던 튤립 알뿌리의 가격 상승세는 1637년 1월에 정점에 다다랐고 한 달 동안 몇십 배가 상승하기도 했대.

어느 정도로 비쌌냐면 희귀한 튤립의 가치는 숙련된 장인 연봉의 10배였다고 해. 연봉을 평균 1억 원으로 잡으면 튤립 구근 하나가 10억 원 정도였던 셈이지

승희: 튤립이 10억이요? 튤립을 10억 원이나 주고 사다니 다들 제정신이 아니었네요.

튤립 버블

튤립 = 숙련된 장인연봉의 10배

그림 21 튤립 버블 시기의 튤립 가격

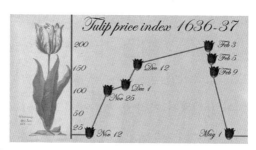

Tulip price index 1636-37

그림 22 튤립 버블 폭락 추이

선생님: 그래, 자산이 오르는 것 자체에만 관심을 가지면 자산의 가치가 어느 정도인지 이성적으로 판단할 힘을 잃어버리는 거 같아. 결국 공급이 과잉되면서 사람들은 희소성에 의심을 품기 시작했어. '한낱 꽃에 불과한 튤립을 이렇게까지 비싸게 거래해야 하나?'라는 생각이 퍼지면서 순식간에 튤립 가격은 폭락한 거야. 일단 폭락이 시작되면 투자자들은 굉장히 큰 공포에 휩싸이게 되고 그 공포는 다시 투매(값싸게 시장에 판매하는 행위)를 불러서 일으키면서 빠른 속도로 거품이 꺼지는 거야. 튤립 폭락은 4개월 동안 이루어졌다고 해. 최고점 대비 하락률은 95% 정도였다고 하니까 다시 상승을 기대하고 끝까지 들고 있던 투기꾼들은 엄청난 손실을 본 거지. 1억 원을 투자한 사람에게 500만 원만 남게 된 거야.

승희: 와, 95% 손실이라니…. 어마어마하네요. 선생님께서 말씀하신 의도를 알겠어요. 가치가 없는 자산에 투자하게 되면 거품이 꺼지면서 큰 자산 손실로 이어질 수 있다는 말씀을 하고 싶으신 거죠?

선생님: 딩동댕! 역시 정확히 선생님의 의도를 이해해 주니 고맙구나. 맞아. 가상화폐는 가치를 측정하기가 어렵기 때문에 버블이 낄 가능성이 높고, 또 가치를 판단할 만한 기준이 없어 일반인이 접근하기 매우 어려운 영역이라고 봐. 그래서 투자를 만류하는 편이야. 그리고 손익비대칭성의 원리에 의해 한번 큰 손해를 보면 다시 재기하기 어려운 경우가 많아서 잃지 않는 투자를 하도록 노력해야 해.

손익비대칭성의 원리란?

만약 어떤 사람이 50% 손실을 입고 다시 원금을 회복하기 위해서는 몇 %의 수익을 올려야 할까? 정답은 바로 100%의 수익을 올려야 해. 이해가 가니? 예를 들어 100만 원을 가지고 있는 사람이 50%의 손실을 봐서 50만 원만 남았어. 다시 100만 원이 되기 위해서는 현재 가지고 있는 원금 50만 원만큼 수익을 올려야 하기 때문에 100%의 수익을 올려야 손실을 만회할 수 있어.

좀 더 극단적인 경우로 어떤 사람이 80%의 손실을 입었다면 원금을 회복하기 위해서는 몇 %의 수익을 올려야 할까? 정답은 400%야. 100만 원의 원금에서 80만 원을 잃었기 때문에 20만 원만 남은 상태이고, 80만 원의 손실을 메우기 위해서는 현재 가진 자금 20만 원의 4배에 달하는 수익을 올려야 하므로 400%의 수익을 올려야 손실을 메울 수 있어. 현실적으로 단기간 400%의 수익을 올리는 것은 거의 불가능할 뿐만 아니라 매우 큰 리스크를 짊어져야 하는 상황이기 때문에 투자에 실패할 확률이 더더욱 높아져.

그래서 잃지 않는 투자를 하는 것은 매우 중요해. 워런 버핏이 투자에서 가장 중요한 원칙을 '절대 잃지 말라'라고 하는 것처럼.

똑같은 50만원이지만 손익률은 다르다

그림 23 손익비대칭성의 원리

Quiz!

A 투자자는 첫해 100% 수익을 보고 다음 해 60%의 손실을 입었대. 그리고 B 투자자는 첫해 20% 수익을 올리고 다음 해 10% 손실을 입었대. 누가 승자일까?

	첫 해	다음 해
A투자자	+100%	−60%
B투자자	+20%	−10%

정답은?

승희: 음, 설명해주신 손익비대칭성의 원리에 따르면 B 투자자인 것 같은데요.

선생님: 역시 승희야. 단순히 산술적으로 두 해의 수익을 더하면 A 투자자가 많은 수익을 올린 것 같은데 정답은 B 투자자야. B 투자자는 수익을 올렸지만, A 투자자는 오히려 손실을 입었어.

A 투자자는 첫해 100만 원의 투자 원금이 100%의 수익을 봐서 200만 원이 되었지만, 다시 60%의 손해를 보았기 때문에 다음 해에 120만 원(200만 원의 60%는 120만 원이니까)의 손실을 본 거야. 그래서 현재 자산이 80만 원이 되었기 때문에 초기 원금에 비해 20만 원의 손해를 보고 있는 셈이지. 반면 B 투자자는 첫해 20%의 이익을 얻어 120만 원이 되었고 다음 해 10%의 손실(-12만 원)을 입었

다면 현재의 투자 원금은 108만 원이 되어서 원금 대비 8만 원의 수익을 보고 있어. 결국 A 투자자는 자신이 두 배나 벌었다고 떵떵거리고 다녔겠지만 결국 B 투자자를 이기지 못할뿐더러 손실을 보고 있어. 버핏이 왜 잃지 않는 것을 중요하게 생각한지 알겠니?

"투자의 제1원칙은 '절대로 돈을 잃지 말라'이다.
투자의 제2원칙은 '제1원칙을 절대 잊지 말라'이다."
-워런 버핏-

선생님: 한 가지 사례를 더 이야기해 주자면 주식투자로 망한 뉴턴이라는 인물이 있어.

승희: 뉴턴이요? 만유인력의 법칙을 발견한 과학자 뉴턴이 주식투자로 망했다고요?

선생님: 응, 사과가 떨어지는 것에서 만유인력의 법칙을 발견하고 세 가지 운동법칙을 발견한 천재 과학자 뉴턴도 주식투자에서는 큰 손실을 입었어. 뉴턴은 남해회사(South Sea)라는 무역을 전담하는 공기업에 투자했어. 남해회사는 무역산업이 순탄치 않자 금융산업 분야로 진출하여 수익을 내게 되는데 주가가 점점 오르게 되자 1720년 초 100파운드가 넘는 주가는 200파운드, 300파운드로 급격히 오르게 되었어. 뉴턴은 4월경 보유하고 있던 남해회사 주식을 매도하는 스윙투자(주식을 1~5일 단기적으로 보유하며 투자하는 방법) 기법으로

큰 수익을 거두게 되었대.

승희: 와, 단기간에 100% 이상의 수익을 낸 것이군요!

선생님: 응, 근데 뉴턴이 배가 너무 아픈 거야.

승희: 왜요?

선생님: 뉴턴의 종목 추천으로 친구들은 아직도 남해회사 주식을 보유하고 있었는데, 뉴턴이 매도한 이후에도 주식 가격이 계속해서 올라갔거든. 심지어 7월경에는 1,000파운드 근처까지 올라갔어. 뉴턴은 엄청난 부자가 돼가는 자기의 친구들을 보며 속이 까맣게 타들어갔을 거야. 뉴턴은 이러한 탐욕과 질투심을 이기지 못하고 결국 주가의 고점 부근에서 매수를 하게 되었대. 그런데, 뉴턴이 매수한 이후에 얼마 가지 않아 주가가 하락세로 돌아가게 되었는데, 뉴턴은 그

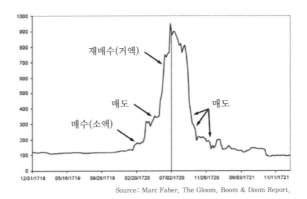

Source: Marc Faber, The Gloom, Boom & Doom Report.

그림 24 뉴턴의 주식 매매 추이

동안 얻지 못한 수익을 만회하기 위해 추가매수를 하였고 심지어 대출까지 사용했대. 당시 금액을 현재가치로 환산해 보면 수십억 원 정도에 해당하는 금액이었다고 해.

승희: 와, 천재 과학자 뉴턴도 자신의 탐욕을 절제하지 못했군요. 똑똑하다고 주식투자를 잘하는 것은 아닌가 봐요.

선생님: 맞아, 결국 주가는 계속 하락해서 다시 원래의 주가인 100파운드까지 떨어지게 되었어. 결국, 뉴턴은 보유하고 있던 주식을 전부 손절(손해 보고 매도)하게 됐어. 손실은 전 재산의 90% 정도였다고 해. 앞서 말한 대로 현재 금액으로 따지면 수십억 원의 손해를 본 것이지.

승희: 그렇군요. 단순히 주가가 올라가는 것만으로 투자한다는 것은 위험하다는 말씀을 하시려는 거죠? 뉴턴은 기업을 분석하지도 않고 단순히 주가가 올라가는 것만으로 투자한 것이네요. 선생님 말씀대로 가상화폐도 신중히 접근해야 할 영역인 것 같아요. 자세히 알려주셔서 감사합니다. 가상화폐에 대한 마음을 접고 나니 결국은 소액으로 투자할 수 있는 건 주식 정도인 것 같은데, 선생님 말씀을 들으니 주식으로 정말 돈을 벌 수 있는 건가 하는 의구심이 들어요.

선생님: 하하, 그래. 선생님이 너무 겁을 줬나 보네. 그만큼 신중했으

면 좋겠어. 주식투자로 돈을 버는 방법은 분명히 존재하지. 그러한 투자 방법들을 책의 후반부에서 설명하려고 그래. 그전에 우리가 목표로 잡고 가야 할 것이 있어.

승희: 어떤 목표요?

선생님: 내가 인생에서 경제적 자유를 이루기 위해 얼마큼의 돈을 모아야 하는지 목표자금을 설정하는 일이야. 승희는 얼마를 모으면 경제적 자유가 가능할 것 같니?

승희: 어, 생각해 본 적이 없어서 쉽사리 대답하기가 어렵네요. 많을 수록 좋을 것 같은데…. 대략, 50억 원?

선생님: 그렇지? 자신이 목표로 하는 금액에 대해 깊게 생각해보지 않고 추상적인 경우가 대부분이야. 그래서 다음 챕터에서는 얼마를 모아야 경제적 자유를 이룰 수 있을지에 대한 이야기를 해보려 그래. 다음 챕터에서 봅시다!

승희: 네!

정리 및 제언

1. 돈을 버는 방식에는 투자와 투기가 존재한다. 이를 구분하기란 때로 어려운 일이며 정답도 없다. 마치 '내가 하면 로맨스 남이 하면 불륜'인 것처럼 말이다.

2. 투자란 가치가 있는 자산에 시간과 정성을 쏟는 행위이며, 투기는 가격 변동성에만 의지하여 자산을 사고파는 행위이다.

3. 코인(암호화폐)은 그 자체로 물건을 사거나 부가가치를 만들어 낼 수 없으므로 가격 변동성에만 의존하는 투기 자산이다.

4. 한때 네덜란드에서 튤립 구근을 10억 원에 사고팔았던 투기 광풍은 지금 보기에는 굉장히 이상한 일이지만 당시에는 튤립 구근(뿌리)을 사기 위해 전 재산을 걸기도 했다.

5. 손익비대칭성의 원리에 따라 큰 손실을 보는 상황을 매우 주의해야 한다.

6. 뉴턴도 가치를 보기보다 단순히 오르는 주식에 투자하는 탐욕을 부리다가 큰 손해를 입었다.

7. 가치가 있는 상품에 당신의 소중한 자산을 투자하길 바란다.

8. 해당 챕터를 읽은 소감을 간단히 정리해 보자.

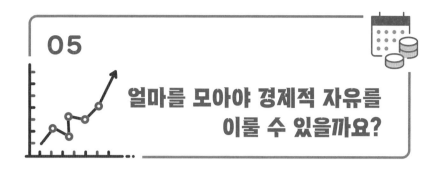

05

얼마를 모아야 경제적 자유를 이룰 수 있을까요?

선생님: 지난 시간에 선생님이 질문했던 경제적 자유에 이르는 금액에 대해 50억 원이라고 한 답변은 지금도 변함없니?

승희: 저도 생각 없이 말씀드린 금액이라, 30~50억 원 정도가 있으면 되지 않을까요?

선생님: 그래, 선생님이 한 질문을 다시 생각해 보면 '부자가 되기 위해 얼마가 필요할까?'라는 질문이 아니라, '경제적 자유를 이루기 위해 얼마가 필요할까?'였어. 부자와 경제적 자유의 차이점은 뭘까?

승희: 부자는 말 그대로 돈 많은 사람일 테고, 경제적 자유는 돈의 구애 없이 사는 사람. 둘 다 비슷한 뜻 아닐까요?

선생님: 그래. 비슷한 뜻이지만 사실은 조금 달라. 한 달에 300만 원을 가지고 생활하는 사람이 300만 원의 다른 수입이 있다면 굳이 자신이 하고 싶지 않은 일에 얽매일 필요가 없어. 자신에게 주어진 시간을 오로지 자신을 위해 사용할 수 있는 거야. 경제활동을 위해 생업에 얽매일 필요가 없는 거지. 선생님은 이걸 경제적 자유라고 생각해. 그런 의미에서 경제적 자유를 달성하기 위해 필요로 한 금액을 계산해 볼 수 있어.

승희: 어떻게 계산하나요?

선생님: 얼마를 모아야 경제적 자유가 달성 가능한지 막막한 친구들을 위해 간단한 공식을 알려줄게! 일반적으로 일 년 생활비의 25배를 모으면 경제적 자유를 달성할 수 있다고 말해. 예를 들어 일 년 생활비가 4,000만 원인 사람이라면 10억 원을 모으면 경제적 자유를 달성할 수 있는 것이지. 그러니까 일 년에 생활비가 얼마가 필요하냐에 따라 경제적 자유에 이르는 금액은 모두 다를 수 있어.

승희: 아, 그렇군요. 필요한 생활비 규모에 따라 다를 수 있겠네요. 선생님, 그런데 왜 일 년 생활비의 25배로 계산하나요?

은퇴자금 결정 〈25배의 법칙〉

1년 생활비 $\times$ 25 ⟶ 목표 은퇴자금

그림 25 25배의 법칙

선생님: 그건 4% 룰이라는 규칙에 의하여 정해진 숫자야. 트리니티 대학교에서 나온 한 논문에 근거한 내용인데 간단히 말하면 원금의 4%를 매년 인출해서 사용하면 원금이 줄어들지 않는다는 거야.

승희: 4%씩 인출해서 사용하는데 어떻게 원금이 줄지 않는다는 건가요?

선생님: 아, 물론 원금을 그대로 금고에 보관하는 것이 아니고 투자를 통해 수익을 낸다고 가정하는 거야. 주식과 채권을 적절하게 섞어서 투자할 수 있어. 그 결과 연평균 7~8%의 수익을 낼 수 있는 걸로 알려져 있지.
이는 포트폴리오 비주얼라이저(https://www.portfoliovisualizer.com)라는 사이트에서 확인해 볼 수 있어. 매년 7~8%를 꾸준히 낸다는 뜻이 아니라 어느 해에는 수익이 나고 어느 해에는 손실을 볼 수도 있다는 뜻이야. 그렇게 한 평균이 7~8%라는 이야기지.
그렇다면 아까 10억 원을 가지고 은퇴한 사람을 예시로 들어볼게. 이 사람은 이미 증명된 투자 포트폴리오를 구성해서 연평균 7~8%의 이익을 거둘 수 있을 거야. (다음 페이지 표를 참고해!) 그럼 7~8천만 원의 투자수익이 평균적으로 매년 발생한다고 보면 돼. 그중에 내가 필요로 하는 생활비 4,000만 원을 찾아 사용하는 거지.

투자 포트폴리오란? 투자에 따른 위험을 줄이기 위해 종목과 비중을 적절히 조정하여 자산을 분배하는 것을 말해. 아래 그림 왼쪽의 영구 포트폴리오는 주식, 채권, 금(실제 금을 보유하는 것이 아닌 금과 관련한 금융 상품을 구매하는 것을 말함), 현금을 동일한 비중으로 분산하고, 오른쪽 올웨더 포트폴리오는 주식과 금, 원자재, 중기채권, 장기채권을 각기 다른 비중으로 자산 배분하는 것을 말해. 장기적으로 영구 포트폴리오는 평균 약 6~7%의 수익률을 기대해 볼 수 있고, 올웨더 포트폴리오는 평균 약 8%의 투자수익률을 기대해 볼 수 있다고 해.

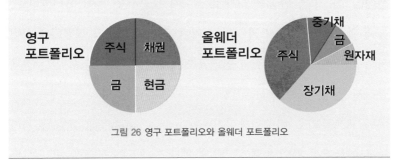

그림 26 영구 포트폴리오와 올웨더 포트폴리오

승희: 아, 그렇군요. 6~8%의 이익을 얻는 검증된 방법이 있다니 신기하네요. 그럼 위의 투자자는 4,000만 원을 생활비로 쓰고 나머지 투자수익 3~4,000만 원은 어떻게 사용하나요?

선생님: 소비할 때 우리가 늘 고려해야 하는 게 있어. 매년 돈의 가치는 어떻게 된다고 했지?

승희: 아, 돈의 가치는 낮아지죠. 그에 따라 인플레이션이 생기고요.

올해는 4,000만 원을 가지고 생활이 됐지만 내년에는 더 많은 돈이 필요하겠군요!

선생님: 그렇지! 인플레이션으로 인해서 생활비는 매년 물가상승률만큼 올라야 해. 그래서 남은 투자수익은 다시 원금에 재투자해서 투자수익이 매년 조금씩 늘어나도록 만들어야 해. 그러니까 남은 3~4,000만 원은 투자 원금에 더해서 그다음 해에는 10억 3,000만 원 정도로 투자하도록 만들어야지. 그래야 인플레이션에 대응할 수 있어.

승희: 아, 이해가 됐어요. 이대로만 된다면 정말로 일 년 생활비의 25배로 노후 대비가 가능하겠어요.

선생님: 그래, 맞아. 위의 포트폴리오를 보면, 장기적으로 주식의 연평균 기대수익률이 가장 높지만, 워낙 변동성이 심한 자산이라 채권, 금, 원자재 등으로 자산 배분한 걸 볼 수 있지? 이렇게 되면 장기수익률은 조금 떨어지지만, 경제 상황이 다양하게 변화하더라도 대응할 수 있는 좋은 포트폴리오를 구성할 수 있고, 안정적으로 자산을 불려 나갈 수 있어. 그래서 주식 공부를 할 때 자산 배분에 관한 공부도 꼭 해야 해. 이번 책에서 다룰 수 있을지 모르겠지만 언젠가 한 번 꼭 다루어 보려고 해. 아니면 다음과 같은 책을 추천해 줄 수도 있어. 자산 배분에 관해서 쉽게 쓰인 강환국 님의 《거인의 포트폴리오》라는 책이야. 시간이 될 때 읽어보면 아주 좋아.

그림 27 거인의 포트폴리오(강환국)

승희: 감사해요, 꼭 읽어볼게요! 선생님, 그런데 워런 버핏과 같은 투자자는 채권 등에 분산 투자하기보다 주식 비중이 높은 것으로 아는데 장기적으로는 주식이 수익률이 가장 높으니까 워런 버핏처럼 주식 위주로만 투자해 보는 건 어떨까요?

선생님: 맞아, 장기적으로 주식의 수익률이 가장 높아. 그런데 변동성도 매우 높다고 했지? 주식시장에서는 2~3년에 한 번씩 20%씩 급락하기도 하고 경제 위기가 오면 주식의 가격이 반토막이 나는 경우도 종종 있는 일이거든. 그런데 일반인들이 −20% 정도의 변동성을 견뎌내기가 쉬운 일이 아니야. 그런 하락장을 견뎌내며 버핏처럼 장기투자하는 건 굉장히 어려운 일이지. 급락장에는 공포가 심리를 지배하면서 거의 대부분 가진 주식을 내던져 버리는 경우가 많거든. 그래서 자신이 투자하는 대상에 대한 강한 확신이 없다면 버핏 같은 수익률을

내기는 어려워. 버핏은 워낙에 어렸을 적부터(11살 때부터) 투자했기 때문에 주식시장의 변동성에 대한 단련이 돼 있을 거야. 그리고 기업을 워낙 잘 분석하기도 하고…. 버핏은 현재 세계 부자 랭킹 5위 정도에 랭크되어 있어. 재산이 현재 어느 정도인지 알고 있니?

승희: 아니요, 우리나라 삼성전자 회장보다는 많겠죠?

선생님: 당연하지, 최근 발표된 버핏의 재산은 2023년도 기준으로 해서 1,000억 달러 정도래. 한화로 따지면 130조 원 정도를 들고 있는 거야. 한국의 일 년 예산이 470조 원 정도 되니 대단한 금액이지. 그런데 버핏은 원래부터 부자였을까?

승희: 음… 원래부터 부자였으니 지금과 같은 부를 쌓을 수 있지 않았을까요?

선생님: 맞아, 버핏은 어릴 때부터 투자에 성공한 사람이어서 이미 30대에 수십억 원의 부를 쌓았어. 그런데 지금의 어마어마한 부는 대부분 65세 이후에 형성된 금액이래. 아래 그래프를 보면 **복리의 대단함**을 알 수 있어.

승희: 와, 그래프의 기울기가 급격하게 커지네요. 일차함수가 아니라 이차함수같이 재산의 증가 속도가 빨라지는 게 보여요.

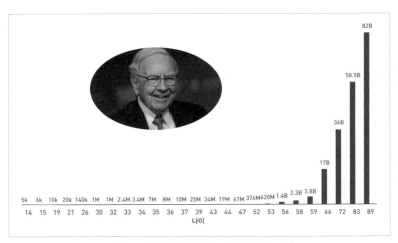

그림 28 워런 버핏의 순자산 증가 추이(단위: 달러)

선생님: 그렇지. 버핏의 연평균 투자수익률은 20% 정도래. 100만 원을 투자하면 매년 평균 20만 원 정도를 벌었다는 거야. 그런데도 저 정도로 가파르게 재산이 증가한 건 바로 복리의 마법 때문이야.

승희: 복리요? 단리, 복리 할 때 복리요? 수학 시간에 배웠던 개념인데, 주식시장에도 복리가 적용되나요?

선생님: 응, 주식시장에서 수익은 단리가 아닌 복리의 법칙이 적용된다고 할 수 있어. 혹시 72의 법칙에 대하여 아니? 복리를 설명할 수 있는 간단한 법칙이야. 이건 다음 챕터에서 알아보자!

승희: 네! 다음 챕터에서 봬요!

정리 및 제언

1. 조기 은퇴하기 위해서는 연 생활비의 25배가 필요하다.

2. 원금을 투자하여 연평균 6~8%의 투자수익을 올린다면 매년 원금을 4%씩 인출하여 생활비로 사용해도 원금 손실 없이 평생 사용할 수 있다.

3. 자산의 최대 손실(MDD: Maximum Draw Down)을 줄이기 위해서는 한 종목군에 투자하는 것이 아니라 금, 채권, 달러 등 여러 자산군에 분산 투자하여야 한다.

4. 강환국 님의 저서《거인의 포트폴리오》라는 책에는 이미 검증된 다양한 자산 포트폴리오 방법이 소개되어 있어 독서를 추천한다.

5. 버핏처럼 대다수 자산을 주식에 투자하는 것도 가능하지만 –20% 이상의 MDD를 일반인들이 견뎌내기 힘들기 때문에 자산 배분을 추천하는 편이다.

6. 손실을 줄이고 수익을 쌓아나간다면 복리 효과에 의해 자산이 불어나는 속도가 기하급수적으로 빨라지는 때가 온다.

7. 해당 챕터를 읽은 소감을 간단히 정리해 보자.

....

....

....

복리가 뭐예요?
(72의 법칙)

선생님: 지난 시간에 복리에 대해서 말하다 끝났는데, 승희가 아는 복리의 개념을 독자들에게 설명해 줄 수 있겠니?

승희: 네, 제가 알기로 단리란 원금에만 이자가 붙는 개념이고, 복리는 원금뿐만 아니라 이자에도 이자가 붙는 개념인 거로 알고 있어요. 예시를 들어볼게요. 이자율이 10%라고 한다면 단리는 첫해 이자가 붙어 110만 원이 되는데 그다음 해에도 원금에만 10% 이자가 붙어서 120만 원이 돼요. 그런데 복리는 첫해 이자가 10% 붙어 110만 원이 되는데 그다음 해에는 이자를 포함한 금액 전체에 10%인 이자 11만 원이 붙어 121만 원이 되는 거예요!

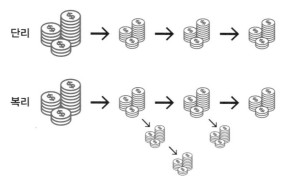

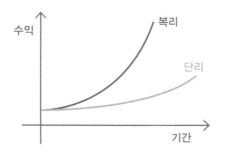

단리

복리

그림 29 단리와 복리

선생님: 와우, 정확한 설명인 거 같아. 초보자분들도 쉽게 이해했을 것 같구나. 승희가 말한 대로야. 복리는 이자에 이자가 붙으면서 단리에 비해 초기엔 속도가 비슷해 보이지만 뒤로 갈수록 기하급수적으로 수익의 증가 속도가 빨라져. 아래 그래프처럼!

수익

복리

단리

기간

그림 30 단리와 복리

선생님: 좀 더 구체적으로는 네이버에 '복리 계산기'라고 검색하면 간단하게 단리와 복리의 차이를 비교해 볼 수 있어. 아래 그림을 보면서 이야기해 볼까?

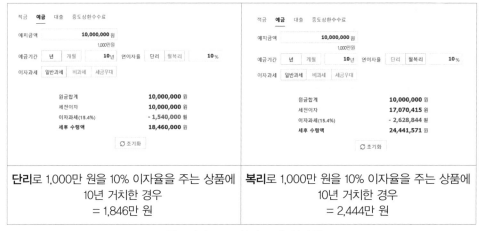

그림 31 단리 10% vs 복리 10% (10년 거치)

선생님: 위의 그림을 보면 단리와 복리의 차이가 확실히 나지? 복리
가 더 빠른 속도로 돈이 늘어나는 것을 확인할 수 있어. 그런데 어쩌
면 2,400만 원 정도와 1,800만 원은 얼마 차이가 안 나는 것 같기도
해. 하지만 복리의 마법은 시간이 길수록 큰 영향력을 발휘해.

선생님: 만약 투자 기간을 10년이 아니라 30년으로 변경하면 금액
이 1억 이상 차이 나는 것을 확인할 수 있어. 그래서 복리의 마법이
발휘되려면 투자 기간을 오래 가져가야 해. 그러기 위해서는 일찍부
터 투자를 하는 것을 추천하는 바야.

승희: 그렇네요. 10년에 비해 30년으로 갈수록 전체 자산의 차이가
크게 벌어지네요. 오랫동안 투자하는 것이 진짜 관건이겠어요! 유대
인은 13세 때 성인식을 통해 모인 자금으로 일찍부터 투자를 시작

한다던데, 미국의 금융을 주름잡는 것이 유대인이란 것이 괜히 나온 말이 아니네요.

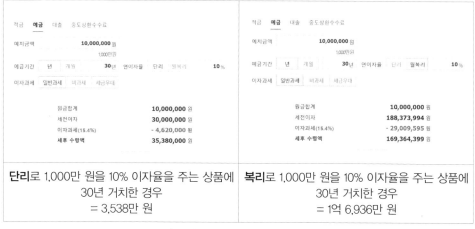

그림 32 단리 10% vs 복리 10% (30년 거치)

선생님: 맞아. 그래서 투자는 일찍부터 배우는 게 좋아. 그런데 만약에 10%의 투자수익률이 아니라 20%의 투자수익률을 올린다면 어떻게 될지 다음 결과를 한번 볼까?

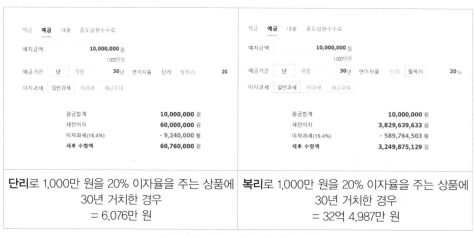

그림 33 단리 20% vs 복리 20% (30년 거치)

승희: 와, 수익률이 10%에서 20%로 올랐을 뿐인데 1,000만 원이 32억 원이 된다고요? 훨씬 더 차이가 커질 거라고 예상하긴 했는데 이 정도일 줄은….

선생님: 그래, 수익률이 10%였을 때 복리로 30년을 굴렸어도 2억 원이 안 되는 돈이지만 수익률이 20%가 되니 30억 원이 넘어가는 자금이 된 거야. 물론 네이버 복리 계산기는 월 복리 개념이기 때문에 연복리 개념으로 계산하면 실제로는 20억 원이 조금 넘는 돈이야.

승희: 와, 정말 수익률 차이로 인한 투자수익금 차이는 시간이 지날수록 매우 커지네요.

선생님: 맞아, 그래서 우리가 나중에 경제적 자유를 얻기 위해서는 3가지를 꼭 기억해야 해. 첫 번째는 투자 금액을 늘리는 거야. 100만 원의 20%보다는 1,000만 원의 10% 수익이 훨씬 크거든. 두 번째는 투자 기간을 길게 가져가는 거야. 투자 기간이 길어야 복리의 마법이 발휘되기 때문이야. 그리고 세 번째는 투자수익률을 높일 수 있도록 투자 공부를 하는 거야. 투자수익을 단 몇 % 올리는 것만으로도 나중에 투자수익금은 엄청난 차이가 나게 되거든. 이 세 가지는 정말 중요한 개념이야.

경제적 자유를 얻기 위한 공식

투자금액↑   투자기간↑   투자수익률↑   경제적 자유

그림 34 경제적 자유를 얻기 위한 공식

승희: 꼭 기억해야겠어요. 투자 기간을 길게 가져가고 수익률을 높일 수 있도록 투자 공부를 하는 것! 명심해야겠네요. 갑자기 투자 공부를 해야겠다는 의욕이 마구 솟구치는데요?!

선생님: 그래, 동기부여가 됐다니 선생님도 뿌듯하다! 한 가지 더 알려주자면 복리 계산기를 활용하지 않아도 복리를 쉽게 계산하는 방법이 있어. 그게 바로 72의 법칙이야.

승희: 72의 법칙은 어떻게 활용하나요?

선생님: 72를 내가 목표로 하는 수익률의 숫자로 나누면 원금이 2배가 되는 기간이 나오거든. 예를 들어볼게. 내가 목표로 하는 수익률이 12%라면 72/12=6년이지? 평균 12%의 수익을 6년 동안 거두면 원금이 2배가 된다는 뜻이야.

승희: 아하, 알겠어요. 그럼 목표수익률이 24%라면 72/24=3년 만에 원금이 2배가 되는 거겠네요?

선생님: 그렇지! 24%의 수익률을 꾸준히 낼 수 있다면 3년 만에 원금이 2배, 6년이면 원금이 4배, 9년이면 원금이 8배, 12년이면 원금이 16배, 이런 식으로 늘어나는 거야. 물론 이런 효과를 내려면 투자에서 얻은 이익을 전액 재투자해야 한다는 전제조건이 있어. 무슨 말이냐면, 100만 원에서 20% 수익을 내서 120만 원이 되었는데, 20만 원을 소비하고 다시 100만 원으로 투자하면 단리와 다를 바가 없어. 복리의 효과가 적용되려면 투자로 얻은 이익이 재투자되어야 위와 같은 효과를 누릴 수 있어.

승희: 아, 맞네요. 투자수익을 소비한다면 원금은 그대로이고 결국 단리와 다를 바가 없겠네요. 결국 내가 감당할 수 있는 자금으로 운영하고 계속해서 재투자해야 원금과 수익이 복리로 늘어나겠네요.

선생님: 역시 승희는 깨닫는 게 빠르구나! 파트 1에서는 투자의 이유에 관해 이야기해 봤어. 다음 챕터부터는 본격적으로 주식투자가 무엇인지 알아보려 해. 다음 챕터로 넘어가 볼까?

승희: 네, 좋아요!

정리 및 제언

1. 단리는 원금에만 이자가 붙고, 복리는 원금뿐만 아니라 이자에도 이자가 붙는다.

2. 복리와 단리의 차이는 처음엔 얼마 안 나지만, 시간이 지날수록 기하급수적으로 커진다.

3. 연평균 수익률을 10%에서 20%로 올리고 30년 투자했을 때, 단리냐 복리냐에 따라 총자산은 30배 이상 차이 난다.

4. 투자에 성공하기 위해서는 첫째로, 투자 기간을 길게 가져가야 하고 둘째로, 투자수익률을 올려야 하고 셋째로, 투자 금액을 높여야 한다.

5. 4번을 실천하려면 어릴 때부터 아이들에게 투자에 발을 들일 수 있도록 도와줘야 하며, 투자수익률을 높일 수 있도록 투자 공부가 필요하고 절약하여 투자 금액을 만드는 습관을 길러 주어야 한다.

6. 투자 공부를 할 수 있는 수많은 방법은 도서관에 있다. 도서관에 가서 경제 분야 도서를 맘에 드는 만큼 선택하여 독서하자.

7. 뒤쪽 부록에 선생님이 추천하는 경제 서적을 나열해 놓을 예정이니 꼭 읽어보자.

8. 해당 챕터를 읽은 소감을 간단히 정리해 보자.

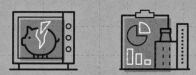

주식이
도대체 뭐예요?

01

주식이 도대체 뭔가요?

승희: 선생님, 드디어 두 번째 파트로 넘어왔네요. 첫 번째 파트 내용이 너무 유익해서 주식투자에 대한 동기부여가 확실히 되었던 것 같아요. 그런데 뉴스나 신문에서 보면 주식을 암호화폐처럼 도박과 동일시하기도 하던데, 세계에서 유명한 부자들은 모두 주식 부자들이잖아요? 그 사람들이 모두 주식을 도박처럼 해서 부자가 된 것은 아닐 텐데, 우리나라 사람들은 주식에 대한 이해가 좀 부족한 것 같아요.

선생님: 선생님이 하고 싶은 말을 대신해 주었구나! 사실 우리나라는 금융문맹국 중에 하나라는 통계가 여럿 있어. 그래서 단순히 주식을 도박과 동일시하는 사람들이 많은 것 같아. 그래서 주식투자를 한다고 하면 눈살을 찌푸리는 사람들이 있는 게 주식투자에 대한 인식 자체가 안 좋기 때문이야.

승희: 금융문맹이요? 금융을 잘 모른다는 건가요?

선생님: 그렇지. 다음의 자료를 한번 볼까?

주요국 금융이해력 지수

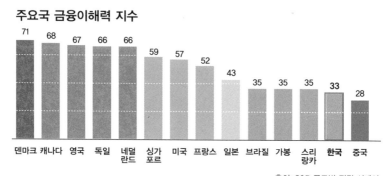

출처: S&P 글로벌 핀릿 서베이

그림 35 국가 간 금융이해력 지수 비교

승희: 헉, 우리나라가 스리랑카보다도 금융이해력 지수가 낮은 건가요? 스리랑카면 원시 부족들도 있는 그런 나라 아닌가요?

선생님: 맞아. 선생님도 처음에 이 자료를 보고 충격을 받았어. 외국의 기관이 조사한 통계이긴 한데 우리나라 사람들이 이 정도로 금융이해력 지수가 낮은 줄 몰랐거든. 사실 이 책을 쓰게 된 계기도 정말 금융을 모르는 사람들에게 쉽게 알려 줘야겠다는 생각으로 시작한 거야.

승희: 그렇군요. 그래서 우리나라 사람들은 주식을 도박처럼 인식하는 사람들이 많은 것이군요.

선생님: 맞아, 주식은 도박이 아닌데 말이지. 물론 도박처럼 투자하기도 하지만 말이야. 사실 주식이란 건 회사의 지분이야. 회사의 소유권인 셈이지. 그래서 주식을 소유한 사람을 주주(株主)라고 그래. 主 자가 '주인 주'야. 그래서 주식을 한 주라도 소유했다면 주식회사의 주인이야. 주식을 많이 소유하면 할수록 회사의 결정권을 행사할 수 있는 영향력도 늘어난다고 보면 돼. 그래서 기업을 경영하는 경영인 입장에서는 반드시 주식을 일정 비율 이상 소유해야 회사를 경영하고 중요한 일에 대한 결정권을 행사할 수 있어.

승희: 아, 기업의 주인이 됐다는 건 어떤 의미인지 궁금해요!

선생님: 응, 만약 삼성전자의 주식을 한 주라도 소유하였다면 삼성전자의 주인이 되면서 주인으로서 권리들이 생기는데, 일단 주식을 보유한 비율만큼 회사의 순이익과 순자산에 대한 소유권이 생겨나. 좀 어려우니 예를 들어볼게. 만약에 A라는 회사의 주식 수가 총 100주인데 그중에 승희가 5주를 가지고 있다면 승희는 회사 지분의 몇 %를 보유한 셈이지?

승희: 당연히 5%겠네요.

선생님: 맞아. 회사의 5%의 지분을 보유한 셈이지. 만약 회사가 가진 순자산이 100억 원이야. 그렇다면 이중 승희의 몫은 얼마가 될까?

승희: 100억 원중에 5%인 5억 원이 되겠네요!

선생님: 맞아. 물론 회사는 경영해야 하니 당장 회사의 자산을 팔아서 5억 원을 줄 수는 없지만 회사 순자산의 5%는 승희 몫이라고 볼 수 있어. 만약 주식회사가 추후 어려운 일을 겪어서 모든 경영활동을 접고 자산을 매각한다면 그중 5%는 회사의 주인이었던 승희에게 돌려주는 게 맞는 거지. 그리고 회사가 일 년에 순이익 10억 원을 남겼다면 10억 원의 5%인 5,000만 원도 역시 승희의 몫이야.

승희: 아, 그렇군요. 회사의 자산을 내가 소유하고 있다는 약속의 증표가 주식인 거네요. 그런 면에서 확실히 암호화폐와는 다른 자산이라는 생각이 들어요. 주식은 분명하게 내재가치가 있는 셈이네요.

주식 보유자는 회사의 주인

그림 36 주식 보유의 의미

선생님: 그렇지. 그래서 회사가 중요한 결정을 할 때 회사의 소유권을 가진 주주들을 불러 주주총회를 통해 중요한 의사결정을 하는 거야. 물론 우리 개인 투자자들은 지분 자체가 많지 않기 때문에 의

사결정에 영향을 미치기는 힘들어.

그림 37 버크셔 해서웨이 주주총회

승희: 그렇군요. 저도 주주총회 참석장을 받아본 적이 있는데 가볼 생각은 못 했네요. 선생님 그런데 '삼성전자' 주식이 있는가 하면 '삼성전자우'라는 주식이 있던데 '우'가 붙은 건 뭔가요?

선생님: 아, 보통 '우' 자가 없는 '삼성전자' 주식은 의결권이 있는 본주라고 하고 '우' 자가 붙은 '삼성전자우' 주식은 우선주라고 해. 우선주는 주주총회에 참석하여 의사결정을 할 수 있는 의결권은 없지만 우선적으로 배당금을 받을 수 있는 주식이야. 삼성전자 배당금은 일년에 4번(3월, 6월, 9월, 12월) 지급하는데 우선주는 마지막 12월에 본주보다 배당금 1원 정도를 더 줘.

배당금이란? 회사가 일 년 동안 경영을 잘해서 이익을 많이 남기게 되면 그 이익금을 다음 해에 투자금으로 활용할 수도 있지만 주주들에게 배당을 할 수도 있어. 예를 들어 삼성전자가 2021년에 순이익으로 40조

원 가량을 벌었는데 이 중에 10조 원 가량을 주식을 가진 주주들에게 배당금으로 나눠주는 거야. 회사마다 배당금의 규모와 액수가 각각 달라. 우리나라 대다수의 회사는 일 년에 한 번 배당금을 주고, 미국의 기업들 같은 경우 많은 회사가 분기 배당이라고 해서 일 년에 네 번 배당금을 나눠주고 있어. 이런 점이 미국 주식이 인기가 많은 이유 중에 하나야.

승희: 우선주라 해서 많이 우선하는 줄 알았는데 겨우 1원이네요.

선생님: 어떤 회사는 그보다 더 많이 주는 경우도 있어. 그런데 본주와 우선주의 가격 차이를 봐야 해. 오늘(2023. 3. 26.) 기준으로 삼성전자 본주는 6만 2,300원이고 우선주는 5만 5,800원이야. 그래서 같은 금액을 배당금으로 준다고 하더라도 배당수익률은 우선주가 더 높다고 할 수 있지.

승희: 배당수익률이요? 그게 뭔가요?

선생님: 주식 1주당 배당으로 인한 수익률이 얼마인지 계산하는 거야. (배당금/주가)×100을 하면 돼. 삼성전자 주식을 한번 계산해 볼까?

$$\frac{배당금}{주가} \times 100 = 배당수익률(\%)$$

배당수익률 공식

선생님: 삼성전자 본주는 2022년 4번의 배당금이 총 1,444원이었으니까 이렇게 되네!

$\dfrac{1,444}{62,000} \times 100 = 2.3\%$	$\dfrac{1,445}{55,900} \times 100 = 2.6\%$
삼성전자 본주의 배당수익률	**삼성전자 우선주의 배당수익률**

표 2 삼성전자 본주와 우선주의 배당수익률 비교

승희: 아 배당금 차이는 얼마 나지 않지만, 우선주의 가격이 더 싸기 때문에 배당수익률은 우선주가 높네요.

선생님: 그렇지! 그래서 우리 같은 개인들은 사실 본주를 산다고 하더라도 회사의 의사 결정권에 거의 영향을 미치기 어렵기 때문의 배당수익률이 조금이라도 높은 우선주를 사는 게 맞다고 봐. 그래서

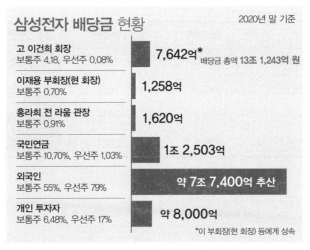

그림 38 2020년 기준 삼성전자 배당금 분배

삼성전자 우선주 같은 경우는 외국인 보유율이 굉장히 높아. 절반 이상을 외국인이 갖고 있어. 그래서 삼성전자가 배당하는 금액의 절반 이상을 외국인이 가져간다고 보면 돼. 다음 표의 2020년 배당현황을 보면 외국인이 우리나라 기업이 번 돈을 절반 이상 가져가는 게 보이지?

승희: 그렇군요. 우선주에 대해서 제대로 이해했어요. 우리나라 기업이 힘들게 번 돈을 이렇게 쉽게 가져간다니 허무하네요. 훌륭한 기업의 주식을 국민이 많이 보유하면 좋겠네요.

선생님: 맞아. 우리나라 4대 은행(신한, 국민, 하나, 우리)도 외국인들이 주식을 많이 가지고 있어서 수조 원의 배당금을 외국인들이 받아가고 있어.

	2019년	2020년	2021년
신한	67.2	64.9	58.3
KB	68.6	67.5	66.3
하나	70.2	67.8	67.2
우리	27.5	30.2	25.0

* 단위: %
* 2019, 2020년은 1월말 기준. 2021년은 2월 1일 기준
* 출처: 한국거래소

표 4 우리나라 4대 금융지주의 외국인 투자자 비중

승희: 와, 그렇군요. 외국인들이 우리나라 기업의 지분을 이렇게나 많이 가지고 있을 줄이야…. 저도 정말 금융문맹이었네요.

선생님: 그래, 혹시 또 궁금한 게 있니?

승희: 그런데 선생님 저희가 기업의 주식을 사면 기업은 뭐가 좋은 건가요? 저희가 주식을 산 금액을 기업이 가져가는 건가요?

선생님: 아니, 그건 개인 간 주식을 사고파는 행위여서 회사와는 상관없어. 주식시장이 활성화되면 기업에 어떤 점이 유리한지 다음 장에서 살펴보자!

정리 및 제언

1. 한국은 금융문맹국 중 하나이다.

2. 주식과 도박은 같지 않다. (동일하다고 생각한다면 당신은 금융문맹)

3. 주식은 회사의 순이익과 자산의 소유권이라는 증표이다.

4. 주식을 가지고 있는 만큼 회사의 순이익과 자산을 소유하고 있는 셈이다.

5. 주식을 보유한 사람을 '주주'라고 부르고 주주총회에 참석할 수 있으며 배당금을 받을 권한도 갖는다.

6. '우' 자가 붙은 주식은 배당을 우선적으로 받을 수 있는 '우선주'라는 뜻이다.

7. 주식 보유수가 작아 의사 결정권이 미미한 일반 투자자는 본주보다 배당률이 더 높은 우선주를 사는 게 낫다.

8. 배당금을 많이 주는 우리나라 대기업의 지분을 외국인들이 많이 보유하고 있다.

9. 우리나라 국민이 우리나라의 훌륭한 기업 주식을 많이 소유하는 것은 국부 유출을 막는 데에도 도움이 된다.

10. 해당 챕터를 읽은 소감을 간단히 정리해 보자.

02

기업에겐
뭐가 좋나요?

승희: 선생님, 우리가 기업의 주식을 사도 기업으로 돈이 가는 것이 아닌데, 기업에게 좋은 점이 있나요?

선생님: 그래, 주식시장의 본질을 알기 위해 아주 좋은 질문이야. 주식투자, 주식시장, 주식회사는 인간이 만들어 낸 위대한 발명품이라고도 하는데 들어본 적 있니?

승희: 네! 들어보긴 했어요. 위대한 것까지는 잘 모르지만요.

주식투자, 주식시장, 주식회사는
인간이 만들어낸 위대한 발명품

주식회사   주식시장   주식투자

그림 39 경제의 3대 발명

선생님: 그렇구나. 선생님은 알면 알수록 주식이라는 발명품이 대단하다고 생각해. 예를 들어볼까? 만약 A 마을에서 큰 관광명소를 개발해서 운영하고 싶은데 총사업비가 100억 원이라고 해보자. 그런데 A 마을에서 돈이 가장 많은 사람도 10억 원밖에 없어서 사업을 시작할 수가 없었어. 그때 누군가 제안한 거야. 여러 사람이 돈을 모아서 사업을 하고, 그 사업으로 벌어들이는 돈도 자신이 투자한 만큼 나누자고. 마을 사람들이 십시일반 돈을 모아서 100억 원이 모였고 관광명소를 개발해 사업을 시작한 거야. 사업은 성공했고 매년 벌어들이는 수익을 투자한 마을 사람들에게 투자한 비율만큼 나눠주게 되었지. 많이 투자한 사람은 많은 수익을 받고 적게 투자한 사람은 적게 투자한 만큼 수익을 받은 거야. 그리고 자신의 투자 금액만큼을 확인하는 증서를 종이로 받게 되었는데 이게 바로 '주식'이라는 거야.

승희: 여러 사람의 돈이 모이니 사업을 시작하기가 쉬워지는군요!

선생님: 그렇지. 그런데 만약에 관광 사업지를 확장하기 위해 추가로 20억 원의 자금이 더 필요하게 됐어! 그런데 매년 벌어들이는 돈으로는 자금이 부족했어. 그래서 마을 사람들은 추가로 주식을 발행해서 자금을 충당하기로 하고 살 사람을 공개적으로 모집한 거야. 그랬더니 옆 마을 사람들이 와서 주식을 사들였고, 20억 원의 자금이 마련되었어. 그래서 A 마을 사람들은 추가로 관광시설을 더 지을 수가 있었고 결과적으로 수익도 더 늘어나게 되었어. 바로 이 과정을 기업

공개(IPO: Initial public offering)라고 해.

승희: A 마을 사람들만 가지고 있던 주식을 외부인에게 판매하기 시작한 거네요!

그림 40 기업공개(IPO) 과정

선생님: 맞아. 주식회사는 기업공개를 통해 또 다른 투자금을 만들어낼 수 있고, 주식을 산 사람들은 A 기업에 대한 소유권을 갖게 됨으로써 A 기업이 벌어들이는 수익과 재산에 대한 권리가 생기는 거지.

승희: 와, 이게 선순환 구조라는 건가요!?

선생님: 맞아, 물론 주식을 더 찍어냄으로써 기존 마을 사람들의 주식 비율은 희석되지.(희석이라는 게 무슨 말이냐면 총주식이 100주였을 때 10주를 보유한 사람은 총지분의 10%를 가지고 있지만 주식의 수가 200주로 늘어나 버린다면 총지분의 5%만을 보유한 셈이니 회사에 미치는 영향력이 작아졌다고 볼 수 있는 거야.) 하지만 주식을 가장 많이 가지

고 있는 사람(최대 주주)이 자신의 경영권에 훼손을 입히지 않을 정도로 주식을 찍어내기 때문에 경영에는 큰 문제가 없어. 게다가 회사는 은행에 대출도 받지 않고 이자도 낼 필요도 없고 20억이라는 큰 자금을 확보했으니 얼마나 좋겠어. 이게 주식시장이 가지는 위대한 점이야. 자본을 시장 참여자들로부터 쉽게 끌어와서 회사가 성장할 수 있는 발판이 된다는 거지.

승희: 그렇네요. 기업공개를 통해서 주식회사들은 큰 자금을 확보할 수 있고, 주식을 산 사람들은 기업의 주주가 되었으니 좋은 것이네요!

선생님: 그렇지. 우리가 잘 아는 회사들의 기업공개(IPO, 상장) 사례를 살펴볼까? 먼저 우리 학생들이 아주 좋아하는 아이돌 BTS의 소속사가 바로 HYBE(하이브)라는 곳이야. 하이브는 2020년 10월에 코스피 시장에 상장했는데 이때 일반 투자자들에게 주식을 판매하여 모은 금액이 얼마인지 아니? 참고로 이런 돈을 공모 금액이라고 해.

승희: 글쎄요. 잘 추측이 안 돼요.

선생님: 그래, 보통 해당 기업을 시장에서 얼마 정도에 가치 평가하냐에 따라 다르고 해당 기업에서 어느 만큼의 주식을 판매하냐에 따라 다르긴 한데, 하이브가 공모한 금액은 자그마치 9,625억 원 정도래.

승희: 와, 엄청난 금액이네요. 그러면 하이브는 그 돈을 어디에 쓴 건가요?

선생님: 거의 1조 원에 가까운 금액이 기업에 들어오니 회사는 계획해 놓은 것을 실행에 옮겼겠지. 사실 공모 이전에 전자 공시사이트인 DART에 그 금액을 어떻게 쓰겠다는 사용 계획을 투자자들에게 이미 밝혔어. 구체적이진 않지만, 부채상환, 미래 성장을 위한 투자, 신사옥 관련 시설투자 등등…. 그런데 얼마 뒤에 뉴스 발표를 보고 깜짝 놀랐어.

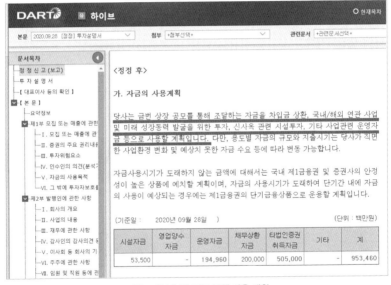

그림 41 하이브의 공모 금액 사용 계획

승희: 자금의 사용 계획을 미리 밝히는군요. 그런데 어떤 뉴스였던 가요?

주식

HYBE

9,625억 원

투자자가
하이브의 주식
9,625억 원을 구매함

그림 42 하이브의 기업공개(IPO)

선생님: 바로 하이브가 미국의 종합 엔터테인먼트 회사인 이타카홀딩
스라는 곳을 약 1조 원의 금액에 인수한 거야. 그런데 여기 소속된 미
국의 아티스트가 정말 유명한 사람들이었어. 바로 이름만 들어도 아
는 '저스틴 비버', '아리아나 그란데' 등의 대형급 가수들이 여기에 소속
되어 있던 거야.

HYBE
WE
BELIEVE IN
MUSIC

+

ITHACA

그림 43 이타카홀딩스를 인수한 하이브

승희: 와, 저스틴 비버와 아리아나 그란데가 BTS와 한 지붕 아래로
모이게 된 거군요! 대단하네요.

선생님: 그래, 한때 BTS밖에 없다고 놀림 받던 하이브라는 회사가
IPO를 통해 조달한 금액으로 사업영역을 크게 확장한 거야. IPO가
가진 순기능이라고 할 수 있지. 대중들의 자본을 끌어들여 회사가

한 단계 성장할 수 있는 발판이 되거든.

승희: 그렇네요. 회사는 공모한 금액으로 한 단계 도약할 수 있는 발판을 만들고, 신규투자자는 새로운 기업의 주인이 된 것이네요.

선생님: 맞아. 그리고 또 하나 있어. 혹시 로켓배송으로 유명한 쿠팡에서 주문해 본 적이 있니?

승희: 아, 저희 부모님이 자주 사용하는 쇼핑몰이에요.

선생님: 그래, 쿠팡은 2021년 3월 11일에 상장됐어. 그런데 좀 특이한 건 우리나라 시장에 상장한 것이 아니라 미국 뉴욕증권거래소에 상장했어.

승희: 우리나라 기업이 미국에 상장하는 것도 가능한가요?

선생님: 응, 가능해. 실제로 알리바바라는 중국기업도 미국 시장에 상장되어 있어.

승희: 그렇게도 가능하군요. 신기하네요.

선생님: 응, 우리가 로켓배송으로 편리하게 이용하는 쇼핑몰인 쿠팡은 나스닥 시장에서 무려 5조 1,700억 원을 공모했어. 엄청난 금액이지?

승희: 와, 조 단위의 금액이라니 엄청나네요. 쿠팡은 그렇게 많은 금액을 공모해서 어디에 사용했나요?

그림 44 쿠팡의 기업공개(IPO)

선생님: 사실 쿠팡은 계속해서 물류창고 건설과 시설투자에 돈을 엄청나게 많이 쓰고 있어서 매년 막대한 적자를 기록하고 있거든. 그런 적자를 메우고 시설투자를 확장하는 데 썼으리라 생각해. 쿠팡의 실적 추이를 볼까?

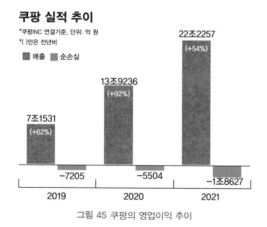

그림 45 쿠팡의 영업이익 추이

승희: 와, 매출은 상승하고 있는데 적자 규모가 엄청나네요. 조 단위의 적자라니….

선생님: 그렇지? 2022년 3분기나 돼서야 간신히 흑자를 냈어. 그전까지는 엄청난 적자를 견뎌내고 있었지. **만약에 IPO로 자금을 조달하지 않았으면 쿠팡은 금세 부도가 났을 거야.** 세계 최대의 전자상거래 업체인 아마존(AMAZON)도 이런 식으로 성장했어. 처음엔 엄청난 시설투자로 적자투성이였던 기업이 기업공개를 통해 자금을 조달하고, 그 금액을 발판 삼아 지금은 엄청난 돈을 벌어들이고 있어. 쿠팡도 이런 길을 따라가려는 것 같아.

승희: 선생님 말씀을 들으니 주식이 왜 위대한 발명품이라고 하는지 알겠어요. 주식시장이 활성화될수록 기업들이 자금을 조달하기 쉬우니 성장하기 유리한 환경이 만들어지는 것이군요!

선생님: 맞아, 마치 금융경제가 발달한 미국의 기업들이 세계를 주름잡고 있는 것처럼. 주식시장이 활성화되면 IPO뿐만 아니라 기업이 주식을 담보로 은행에서 더 많은 대출을 받을 수도 있고, 추가상장(주식을 더 찍어내서 시장에 파는 행위)을 통해 자금을 조달할 수도 있어. 아무튼 여러 가지로 기업 입장에서는 성장하기 유리한 환경이 만들어지는 거지. 그렇게 기업이 성장하면 주가도 올라가고 주식을 소유한 주주들의 부도 점점 늘어나는 선순환 구조가 만들어지는 거야.
주식시장이 활성화된 미국에서 계속해서 좋은 기업들이 나타나는 건 바로 이 때문이야.

승희: 그렇군요. 기업은 성장하면서 주주들에게 주가 상승으로 보답해 주는군요. 우리나라도 주식시장이 활성화되고 좋은 기업들이 많이 나왔음 좋겠어요!

선생님: 응, 그리고 어느 정도 성장이 끝나고 성숙한 기업은 더 이상 투자금이 많이 들어가지 않기 때문에 주주들에게 배당으로 기업의 과실을 나눠주는 거야. 이제 주식이 뭔지에 대한 감이 좀 왔어?

승희: 네! 주식이 단순한 종이가 아닌 건 확실히 알겠어요.

선생님: 그래, 이처럼 주식은 경제의 꽃이라 불리는 발명품이기 때문에 주식을 모르고 경제를 논하기는 어려운 법이야. 승희야, 혹시 요즘 기준금리 인상에 대해 들어봤니?

승희: 네! 들어봤어요. 그것 때문에 대출금리도 같이 오른다고요. 그런데 왜요?

선생님: 기준금리와 주식시장은 밀접한 연관성이 있거든. 그건 다음 챕터에서 살펴보자!

승희: 네! 다음 시간에 봬요.

정리 및 제언

1. 주식투자, 주식시장, 주식회사는 인간이 만들어 낸 위대한 발명품이다.

2. 기업이 외부인에게 주식을 판매하는 행위를 기업공개(IPO) 혹은 주식상장이라고 한다.

3. 기업은 외부인에게 주식을 판매하여 회사에 필요한 자금을 마련한다.

4. 주식시장이 활성화됨으로써 기업이 발전하기 쉬운 환경이 조성되고 기업활동이 활발해짐에 따라 기업의 경쟁력이 강화되는 선순환 구조가 만들어져 국가의 경제도 성장하게 된다.

5. 해당 챕터를 읽은 소감을 간단히 정리해 보자.

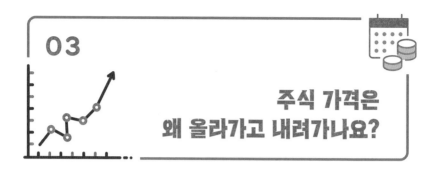

03

주식 가격은
왜 올라가고 내려가나요?

승희: 선생님, 제가 일 년 전에 산 주식이 많이 떨어져서 속상해요.
분명히 매출액도 성장하고 있는데, 요즘 주가가 왜 이렇게 안 좋은
걸까요?

선생님: 그래, 많이 속상하지? 주식시장은 변덕을 많이 부리기 때문
에 우리의 예상과는 빗나갈 때가 많아. 주식은 실적에 따라 움직이
기도하지만 심리와 거시경제(macro-economics, 전 세계 경제 상황을 뜻
하는데 '매크로'라고 하기도 함.)에 따라 움직이기도 해.

승희: 실적이라고 하면 회사의 매출이나 영업이익을 말씀하시는 거
죠? 심리와 거시경제에 따라 움직인다는 것은 무슨 의미인가요?

선생님: 그래. 보통 주식시장은 단기적으로 수요와 공급(수급)의 영

향을 받고, 중기적으로 매크로(거시경제)의 영향을 받고, 장기적으로는 기업의 펀더멘탈(실적)에 따라 움직인다고 해. 펀더멘탈은 기업의 실적과 성장을 말하는 거야.

승희: 단기적으로 수급의 영향을 받는다는 건 사고파는 사람들이 치열하게 신경전을 벌이면서 가격이 결정된다는 말씀이시죠?

선생님: 승희는 역시 공부를 많이 한 거 같아. 맞아. 다음 그림을 볼까?

승희: 네이버 주식의 수급창이네요!

선생님: 그래, 이건 스마트폰의 애플리케이션으로 거래가 가능한 MTS(Mobile Trading System)인데, 화면을 보니 네이버 주식을 사고

그림 46 MTS 호가창

파는 수량이 나와 있지? 아마 직전 매수자와 매도자 간의 체결 금액이 21만 2,000원이었는지 시장가가 그렇게 되어 있구나. 두 사람의 가격흥정이 맞아 거래가 체결되는 순간이 바로 시장가에 반영되는 거야.

승희: 흥미롭네요. 그러면 시장가가 올라가려면 상황이 어떻게 변해야 하나요?

선생님: 현재 시장가에 매도를 내놓은 물량들을 누군가가 전부 매수해야 그다음 호가인 21만 2,500원에 매수가 체결되겠지? 물량은 총 1만 1,533주가 나와 있어. 그러면 21만 2,500원에 매도물량가격은 총 24억 5,000만 원(21만 2,500원 × 1만 1,533주) 정도가 돼. 이 가격대에 있는 주식이 매수자들에 의해 전부 매수되어야 다음 매수호가로 올라가는 거야. 체결가가 올라가면 시장가격도 변동되는 거지.(호가는 부르는 가격을 말하는 거야)

승희: 그렇군요. 매수가 매도보다 힘이 강해야 가격이 올라가겠군요.

선생님: 그렇지, 시장가가 하락하는 건 그 반대의 상황일 거야. 매도가 매수보다 힘이 강한 거지. 팔려는 사람이 주식을 많이 내던지고 매수하려는 사람이 적으면 사람들은 호가를 내리면서 시장가가 아래로 내려오겠지.

승희: 그렇군요. 그날 하루에도 네이버 기업에 대한 전망이 서로 엇갈리고, 누구는 팔고, 누구는 던지는 물량을 받는, 서로의 심리 싸움이 오묘하네요.

선생님: 맞아. 어떤 주식을 매수하는 내가 똑똑한지, 그 주식을 나에게 파는 그들이 더 똑똑한지 신중히 생각해 봐야돼. 그래서 거래량이나 차트를 보고 당일 단기거래를 하는 사람이 매우 많아. 거래량이 많고 당일 가격변동이 큰 주식에 이런 사람들이 몰려서 거래를 많이 해. 보통 '단타'라고 하기도 하는데, 이런 단기 트레이딩 방식은 투자라기보다는 투기에 가깝고 돈을 벌기도 어렵다고 생각해.

승희: 네, 맞아요. 그런 식의 매매방식은 저와 맞지 않더라고요.

선생님: 그래, 중기적으로는 어떤 것의 영향을 받는다고 했지?

승희: 매크로요! 거시경제.

선생님: 그래. 주식은 거시경제에 영향을 많이 받아. 가격 변동성이 커서 민감하게 가격에 반영이 돼. 부동산은 그러한 경향이 좀 덜하지만, 부동산도 결국은 마찬가지야. 금리나 환율, 물가, 무역수지(일정 기간 중 한 나라의 총수입과 총수출 간의 차이)가 흑자인지 적자인지 등에 따라 주식시장에 큰 영향을 미쳐. 최근에 미국의 기준금리가

올라가면서 우리나라도 울며 겨자 먹기로 기준금리를 올리고 있는 게 그 예야. 기준금리를 올리는 이유는 인플레이션을 낮추기 위해서 야. 물가가 너무 빨리 올라가니까. 기준금리가 올라가면 대출금리도 올라가기 때문에 사람들이 돈을 쓸 여력이 적어져. 따라서 주식 투자하는 자금도 줄어들고 주식시장이 하락해. 요즘은 외국인들도 기준금리가 더 높은 미국으로 자금을 빼가기 때문에 주식시장이 하락하지. 그래서 주식시장에서 거시경제를 주목하지 않을 수 없는 거야. 나의 투자금이 매크로에 따라 변동이 커질 수 있거든.

승희: 선생님, 그러면 거시경제를 꾸준히 관찰하면서 주식을 매수하거나 매도하면 손실을 줄이거나 수익을 올리는 데 도움이 될까요?

선생님: 그래, 매크로는 매우 중요해서 공부하며 관심을 꾸준히 가져야 해. 하지만 매크로로 타이밍을 잡는 것은 굉장히 어려운 일이고 그것을 활용해 돈을 버는 건 아주 힘든 일이야. 왜냐하면 예측하기도 힘들뿐더러 주식은 경기침체나 호황을 미리 반영하는 측면이 있거든. 그걸 '선반영'이라고 해. 그래서 실제로 경기침체가 오지도 않았는데 주식시장은 이를 예측하고 먼저 하락하거나 혹은 경기 호황기가 오지 않았는데 예측하고 미리 상승하기도 해. 그래서 전설적인 펀드매니저 피터 린치는 이런 말을 남겼어. "만약 당신이 거시경제를 전망하는 데 14분을 썼다면 그중 12분은 시간 낭비한 것이나 다름없다"라고. 만약 거시경제를 예측해서 돈을 잘 벌 수 있다면 유명한

경제학자들이나 경제학과 교수님들은 엄청난 부자가 되었을 거야. 하지만 실상은 그렇지 않거든.

> ### *"여러분이 거시경제 전망에 14분을 쏟는다면 12분은 낭비한 셈이다."*
> #### -피터 린치-

승희: 그렇군요. 선생님 말대로 거시경제를 예측해서 돈을 벌 수 있다면 학자분들이 가장 많은 돈을 벌었겠죠. 이것도 쉬운 게 아니네요. 그럼 개인 투자자들은 도대체 뭘 보고 기업의 주가를 예측해야 하나요?

선생님: 예측은 어렵지. 하지만 워런 버핏 같은 가치투자자들은 장기적으로 기업의 펀더멘탈을 보려고 했어. 즉 기업이 현재 '얼마나 돈을 잘 벌고 앞으로 잘 벌지'를 따져보는 거지. 그래서 기업이 돈을 잘 벌고 있고, 앞으로 더 잘 벌 것으로 생각된다면 그런 기업의 주식을 샀지. 워런 버핏은 코카콜라라는 회사의 주식을 30년 이상 보유했고 지금도 보유하고 있는데 보유하는 동안 회사의 실적도 30배 이상 오르고 주가도 30배가 올랐어. 우리나라의 삼성전자도 30여 년간 실적은 30배 오르고 주가도 60배 정도가 올랐어. 그래서 기업의 기초가 튼튼하고 돈을 잘 번다면 주가도 이와 동행한다고 보는 거야.

승희: 그렇군요. 그렇다면 기업이 돈을 잘 벌고 있는지 확인하는 게 중요하겠네요!

선생님: 맞아, 물론 올해 돈을 잘 벌었다고 주가에 바로 반영되지는 않을 수도 있어. 하지만 전설적인 투자자 코스톨라니는 기업의 실적과 주가의 관계에 대해 '개와 주인의 산책'이라는 비유를 사용했어.

승희: 개와 주인의 산책이요?

선생님: 응, 개를 주가로 보고 주인을 회사의 실적으로 본 거야. 주인이 개의 목줄을 잡고 산책하다 보면 개는 주인의 앞뒤로 왔다 갔다 하지만 결국 주인이 가는 길을 따라 가게 되어 있는 것처럼, 주가도 왔다 갔다 하지만 기업이 점점 돈을 잘 벌고 있다면 결국 기업의 주가도 같이 올라가게 되어 있다는 거야.

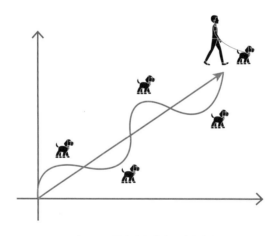

그림 47 코스톨라니의 개와 주인의 산책

승희: 와, 머리에 쏙 들어오는 비유네요.

선생님: 그렇지? 물론 회사가 돈을 잘 벌고 있는 것에 대한 것이 주가에 반영되려면 어느 정도의 인내심이 필요해. 그래서 버핏이 남긴 명언 중에 유명한 명언이 있어.

> **"주식시장은 인내심이 없는 사람의 돈을**
> **인내심이 있는 사람에게 옮기는 도구이다!"**
>
> −워렌 버핏−

승희: 저도 들어봤어요. 주식도 엉덩이가 무거워야 한다고…. 선생님 저도 오래 버티는 건 자신 있는데 이제 어떤 주식들을 골라야 하는지 이야기해 주실 수 없을까요?

선생님: 그래, 이제 다음 파트에선 본격적으로 주식 종목을 선정하는 법에 관해서 이야기해 보자! 오늘도 수고 많았어.

승희: 네, 다음 시간에 봬요!

정리 및 제언

1. 주식은 단기적으로 수급(심리)의 영향을 받고, 중기적으로는 거시경제 (매크로)의 영향을 받으며, 장기적으로는 기업의 펀더멘탈(실적)의 영향을 받는다.

2. 수급이란 '수요와 공급'의 약자로, 수급의 영향 즉 매수자와 매도자 간의 심리 싸움 등으로 주가가 결정되는 것이다.

3. 거시경제란 전 세계 및 해당 국가의 금리, 환율, 경상수지, 물가 등을 말한다.

4. 거시경제를 예측하여 주식투자를 하는 것은 매우 어려운 일이다.

5. 기업이 돈을 잘 벌면(펀더멘탈이 좋으면) 주가는 그에 동행한다. 코스톨라니는 '개와 주인의 산책'의 비유로 이를 설명했다. 기업의 기반이 탄탄하고 돈을 잘 버는지, 앞으로도 돈을 잘 벌지를 살피는 것이 중요하다.

6. 실적이 주가에 반영되기 위해서는 시간이 필요하고 투자자는 이를 기다릴 인내심이 필요하다.

7. 해당 챕터를 읽은 소감을 간단히 정리해 보자.

PART

3

어떤 주식을
사야 하나요?

01

둘 중 어떤 건물을
사고 싶나요?

승희: 선생님, 오늘 단원 제목은 드디어 본론으로 들어선 느낌이네요. 저도 주식을 매수하다 보니 늘 고민하는 질문이에요. 기업이 너무 많다 보니 어떤 주식을 매수해야 할지 몰라서 이름만 들으면 아는 대기업만 매수했는데 이게 맞나 싶어요. 어떤 주식을 사야 할까요?

선생님: 그래, 가끔 선생님이 운영하는 주식동아리 친구들 중에는, 꼭 우리 동아리가 종목을 찍어주는 곳으로 착각하는 사람들이 있어. 절대 그런 건 아닌데 말야. 자신이 공부해서 스스로 정한 기준에 맞게 종목을 선정해야 해. 일단 부동산을 가지고 예를 들어볼게.

승희: 네, 어떤 부동산이요?

선생님: 요즘 조물주 위에 건물주라는 말이 있지?

승희: 네, 맞아요.

선생님: 만약 승희한테 20억의 현금이 있다면 다음 두 가지 건물 중 어떤 건물을 살래? A라는 빌딩과 B라는 빌딩이 있어. A 건물은 20억 원이고 B 건물의 가격도 똑같아. 그런데 A 건물은 임대수익으로 매 달 600만 원이 나오고, B 건물은 임대수익으로 매달 1,200만 원이 나온대. 즉 B 건물의 임대수익률이 2배나 큰 거야.

승희: 단순히 임대수익률로만 보면 당연히 B 건물을 사야 할 것 같 아요. 하지만 위치가 어디인지 중요할 거 같아요!

선생님: 맞아. A 건물의 임대수익률은 3.6%이고 B 건물의 임대수익 률은 7.2%야. 단순히 임대수익률로만 보면 B라는 건물이 싼 거지. 그런데 위치가 A라는 건물은 서울시에 위치해 있고 B라는 건물은 경상도 중소도시에 위치해 있대. 만약 그렇다면 어느 건물을 살 거니?

승희: 어, 이러면 이야기가 달라지는데요. 위치나 전망으로 봤을 때 A 건물이 훨씬 좋은데, 임대수익률로만 보면 B 건물이 2배나 더 좋 고…. 고민될 것 같아요. 당장 결정하긴 힘들겠네요. 좀 비싸더라도 서울에 있는 건물이 낫지 않을까요?

같은 20억 원짜리인데 어떤 건물을 살래?

임대수익 600만 원
위치: 서울시

건물 A

임대수익 1,200만 원
위치: 경상도 중소도시

건물 B

그림 48 둘 중 어떤 건물을 매수?

선생님: 그래, 아무래도 서울이라 더 끌리지? 그렇다면 이번에는 서울에 있는 건물보다 지방에 있는 건물의 임대수익률이 3배나 높다면 어떤 건물을 살래?

승희: 3배 차이라…. 이건 너무 결정하기 어려워요.

선생님: 맞아, 주식투자도 그래서 어려워. 분명 B라는 기업의 주식이 돈도 잘 벌고 싸게 거래되고 있는데 A라는 주식은 돈은 좀 적게 벌고 비싸긴 하지만 미래 전망이 너무 좋아. 이런 경우들이 많거든. 예를 들면 담배를 만들어서 파는 KT&G의 주식은 적은 주식수를 감안하면 가격도 싸고 회사가 돈도 잘 벌고 배당금도 잘 주는데 왠지 담배라는 사업이 앞으로도 잘 나갈 것 같긴 않잖아?

승희: 맞아요. 금연도 확대되는 추세라 미래는 별로일 것 같은 느낌

이에요.

선생님: 그래, 그럼, 카카오나 네이버 같은 기업은 어때?

승희: 앞으로 다가올 미래 사업을 영위하는 기업들이니 앞으로 발전 가능성이 높지 않을까요?

선생님: 맞아, 지금 승희가 하는 생각을 모두가 하고 있어. 그럼 네이버나 카카오의 주가는 당장의 실적과 상장주식수를 고려할 때 싸게 형성되어 있을까, 비싸게 형성되어 있을까?

승희: 모두가 주목하는 기업이니 당연히 비싸겠네요.

선생님: 그렇지, 이런 기업이 미래에 유망하다는 건 삼척동자도 다 아는 일이야. 그런데 우리가 주식투자를 하는 건 수익을 내기 위해서인데, 문제는 아무리 좋은 기업이라도 비싼 가격에 사 버리면 나중에 수익을 낼 수가 없어. 승희라면 네이버를 살 거니 아니면 KT&G를 살 거니?

그림 49 비싼 주식 vs 싼 주식

승희: 분명히 네이버란 기업이 좋은 건 알겠는데, 투자의 입장에 서 니 어느 기업을 선택해야 할지 정말 어렵네요. 우리의 목표는 수익을 내야 하는데, 비싸게 사버리면 소용이 없는 거잖아요. 어렵네요.

선생님: 그래, 거기에 주식투자의 딜레마가 있는 거야. 비싸더라도 전 망 좋고 인기 있는 기업을 살 것이냐, 전망이 좋지 않더라도 싼 기업 을 살 것이냐. 사실 주위의 투자자들을 살펴보면 대다수 전망 좋고 시장에서 인기 있는, 일명 핫한 종목들을 많이들 사는 것 같아.

승희: 그렇군요. 안 그래도 테슬라, 카카오, 네이버 등등 이름만 들으 면 알만한 핫한 기업들을 주위에서 샀다는 말을 많이 들어봤어요. 그런데 그렇게 투자한 결과가 어떻게 되는지 늘 궁금했어요.

선생님: 그래, 결국 돈을 벌어야 훌륭한 투자인 건데, 과연 핫한 기업 에 투자해서 돈을 벌었을까?

승희: 테슬라 투자자들은 한때 돈을 많이 벌었다고 하던데, 지금은 어떤가요?

선생님: 이런 논의에는 좀 더 알아야 하는 배경지식이 필요해. 바로 주가가 싼지 비싼지를 판단할 수 있는 지표가 있거든.

승희: 아, 혹시 PER이나 PBR 같은 것들인가요?

선생님: 그렇지, 그런 것들만 알아도 주가가 싼지 비싼지 알 수 있어. 우리 다음 챕터에서 독자들에게 그 부분을 설명하고, 그 이후에 어떤 주식을 사야 하는지 좀 더 구체적으로 알아보자!

승희: 네!

정리 및 제언

1. 투자라는 것은 싸게 사서 비싸게 팔아야 수익을 낼 수 있다.

2. 지방에 있지만 싼 건물과 서울에 있지만 비싼 건물 중 어느 건물을 살 것인가? 주식투자에서도 이러한 딜레마가 존재한다.

3. 주가가 비싸지만 미래 사업을 영위하고 있는 네이버나 카카오를 살 것인가, 담배 사업을 영위하고 있어 전망이 좋아 보이진 않지만 주가가 저렴한 KT&G를 살 것인가. 이것이 투자의 딜레마이다.

4. 해당 챕터를 읽은 소감을 정리해 보자.

02

주식이 싼지
비싼지 어떻게 아나요?

선생님: 승희야, 오늘은 기업의 주가가 싼지 비싼지 확인해 보는 지표들을 배워볼까?

승희: 네, 좋아요!

선생님: 그래, 오늘 알아보려는 부분은 매우 중요한데, 사실 이것만 알아도 주식투자자 중에서 상위권에 속할 수 있어. 간단한 개념이지만 모르는 사람이 무척 많거든.

승희: 이번 챕터만 알아도 상위권이라니, 집중해야겠네요!

선생님: 응, 실제로 선생님이 동아리를 운영하다 보니 주식을 처음 시작하는 분들이 아주 기초적인 부분부터 오해하고 있었어. 바로 주

가에 관한 부분이야. 현재 현대차 주가는 17만 원 정도이고 카카오 주식은 7만 원 정도에 거래되고 있거든. 그럼 어느 주식이 더 비싼 것일까?

승희: 당연히 PER이 높은 카카오 주식이겠죠?

선생님: 그래, 우리는 배워서 그렇게 알고 있지만 많은 사람이 단순하게 1주당 주가가 높은 현대차 주식을 더 비싸다고 생각해.

승희: 그렇군요. 그런 오해를 하고 있으니 주식을 살 때 싼지, 비싼지를 판단하지 못하는 거군요.

선생님: 맞아, 그래서 PER, PBR, ROE 등의 개념에 대한 이해가 있어야 해. 왠지 승희가 잘 설명할 수 있을 것 같은데, 한번 설명해 볼 수 있겠니?

승희: 그럼요! 예를 들어 설명해 볼게요. 제가 2억 원을 가지고 치킨집을 차렸는데 일 년 동안 4,000만 원의 수익을 남겼어요. 총 2억 원의 자본금을 가지고 4,000만 원의 순이익을 냈으니 자본 대비 20%의 수익을 올린 거고 이를 ROE(Return Of Equity: 자기자본 이익률)라고 해요! 이와 같은 경우 ROE가 20%인 셈이죠.

**자본금
2억 원**

ROE
(20%)

**순이익
4,000만 원**

그림 50 ROE

선생님: 맞아, 내 자본금을 가지고 얼만큼의 순이익을 올리는가가 ROE야. 그럼 ROE가 높은 회사가 좋은 걸까, 낮은 회사가 좋은 걸까?

승희: 당연히 높은 회사겠죠? 같은 자본금으로 많은 이익을 남기니까 회사가 경영을 잘한다고 볼 수 있죠.

선생님: 맞아, 같은 자본금으로 많은 이익을 남기니 다른 회사보다 자산의 성장도 빠르고, 다른 분야에도 투자할 수 있어서 회사가 빠른 속도로 성장할 거야. 워런 버핏도 ROE가 높은 회사를 선호한다고 그래.

승희: 그렇군요. ROE가 높은 회사들을 눈여겨봐야겠어요.

선생님: 응, 맞아. 그러면 다음 개념들도 이어서 설명해 줄래?

승희: 네, 그런데 여기서 치킨집을 다른 사람에게 양도한다고 가정했을 때, 사람들(시장)에게 얼마만큼의 가치로 평가받을 수 있을지

에 대한 의문이 생기는 거예요. 일 년에 4,000만 원 버는 치킨집을 '어느 정도의 가격으로 사면 적당하냐?'라는 문제인 거죠. 그래서 4,000만 원에 10배를 곱해서 4억 원으로 평가할 수도 있고, 15배를 곱해서 6억 원으로 평가할 수도 있어요. 이게 PER(Price Earning Ratio: 주가수익비율)이에요! PER이 낮을수록 저평가되어 있다고 볼 수 있어요. 아래 그림의 경우는 PER이 15가 되네요. 일 년간 버는 순이익 대비 15배의 평가를 받고 있다는 뜻이에요.

그림 51 PER

선생님: 설명 최고다! 맞아. 그러면 PER이 낮은 기업이 싼 거니까 투자하기 좋은 기업일까?

승희: 그건 또 아니에요. PER이 낮은 건 또 낮은 이유가 있다고 하셨잖아요.

선생님: 맞아, 잘 기억하고 있구나. PER이 낮다는 건 사람들의 기업

에 거는 기대감이 그만큼 작은 거라고 했지. 전 챕터에서도 이야기했지만, 담배를 파는 기업에 거는 기대감은 그리 크지 않겠지. 앞으로 흡연율이 줄어들 거로 생각하니까. 그래서 KT&G 같은 경우도 PER은 10배 정도에 불과해. 반대로 NAVER 같은 기업들은 아무래도 미래에 대한 기대감이 있으니 PER 40배 정도의 평가를 받아. 그래서 단순히 주식의 가격만 보고 비교하면 안 되고 PER을 보고 저평가인지 고평가인지 판단해야 해.

승희: 그렇군요. 그러면 PER이 어느 정도 되면 저평가되어 있다고 보는 건가요?

선생님: 우리나라 시장이 외국 시장과 비교하면 저평가되어 있기는 해. KOSPI에 있는 모든 종목을 평균 내면 PER이 12 정도가 나와. 그러니까 이 숫자를 기준으로 판단하면 될 것 같아.

승희: 그럼 네이버가 40인 건 상당히 비싼 것이군요.

선생님: 그래, 아무래도 시장에서 미래에 대한 기대감이 높으니 40배의 가치를 주는 것 같아. 테슬라 같은 기업들은 PER이 한때 1000까지 갔다고 하니 시장에서 얼마나 기대감이 큰지 알겠지?

기대감이 높은 주식의 PER이 높다

PER 45배   PER 11배

그림 52 PER이 높은 주식 vs PER이 낮은 주식

승희: 와, 1000이라니…. 엄청난 고평가네요. 그만큼 전기차에 대한 기대감이 커서 그렇겠죠? 그래도 PER 1000짜리 기업을 사는 건 왠지 무서울 것 같네요.

선생님: 그래, 이런 수치들을 알면 그 가격에 쉽게 살 수 있는 게 아닌데…. 다들 야수의 심장으로 매수하는 것 같아. 아직 설명할 게 하나 더 남아있지?

승희: 네! PBR(Price Book Value: 주가순자산비율)은 자본금 대비해서 가격이 몇 배인지 말해주는 지표에요. 위의 치킨집 같은 경우 자본 대비 시가총액이 3배니까 PBR이 3인 셈이네요!

선생님: 그래, 잘 설명해 줬어. PBR에서 가운데 B자가 'BOOK'을 의미하는데 영어로는 장부를 뜻해. 장부에 기록된 순자산가치 대비해서 '가격이 몇 배가 되냐?'라는 의미야.

순자산가치란?

순자산가치(자본)란 자산에서 부채를 뺀 거야. 예를 들어 치킨집의 부동산, 현금, 기계설비 등의 총자산이 5억 원이고 부채(빚)가 3억 원이라면 순자산가치(자본)는 2억 원이 되는 거야.

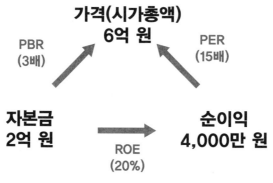

그림 53 PBR

승희: 그렇군요. BOOK이 장부를 뜻하는군요. 그러면 우리나라에 PBR이 1이 안 되는 기업들도 있나요?

선생님: 당연하지. KOSPI 종목의 평균 PBR이 0.93에 불과해. 평균이 1이 안 된다는 건 많은 종목이 순자산가치만큼도 평가를 못 받는다는 거지. 우리나라 기업이 이렇게 저평가 받는다는 사실이 좀 안타까워. 실제로 종목들을 살펴보다 보면 0.2나 0.3 정도 되는 기업도 보여. 우리나라의 대표적인 기업인 현대차도 PBR이 0.5 정도에 불과한 걸 보면 상당히 저평가되어 있다는 걸 알 수 있지.

승희: 그렇군요. 그럼 선생님, 저희가 궁금한 건 결국 PER이나 PBR이 높은 기업을 사느냐, 낮은 기업을 사느냐인데요. 어떤 기업을 사야 하나요?

선생님: 맞아, 사실 그게 제일 중요하지. 그것에 대한 조언도 하려고 해. 그것은 마지막 단원인 대가들의 투자법에서 소개할게. 독자들에게도 책을 끝까지 읽어보면 나온다고 말하고 넘어가자.

승희: 네! 독자분들 꼭 끝까지 읽어주시길 부탁드려요. 선생님, 다음 단원으로 넘어가기 전 질문이요!

선생님: 응, 어떤 거니?

승희: 요즘 주가가 일 년 전에 비해 많이 떨어졌다고 뉴스에 나오던데, 요즘 사면 어떨까요?

선생님: 그래, 확실히 주가가 많이 내려가긴 했어. 이 부분은 조금 쉬었다가 다시 이야기해 보자!

승희: 네!

1. 주가가 높다고 해서 반드시 비싼 주식이 아니고, 주가가 낮다고 해서 싼 주식이 아니다.

2. 가격이 싼지, 비싼지를 판단하는 기준은 PER과 PBR이다.

3. ROE는 기업이 돈을 얼마나 효율적으로 벌고 있는가에 관한 수치이다.

4. PER은 기업의 시가총액을 순이익으로 나눈 값이다. 다시 말하면 '기업의 순이익에 몇 배를 곱해서 기업의 시가총액을 결정할 것이냐?'에 관한 문제이다.

5. PBR은 기업의 시가총액을 자본(순자산)으로 나눈 값이다. 다시 말하면 '기업의 순자산에 몇 배를 곱해서 기업의 시가총액을 결정할 것이냐?'에 관한 문제이다.

6. 해당 챕터를 읽은 소감을 정리해 보자.

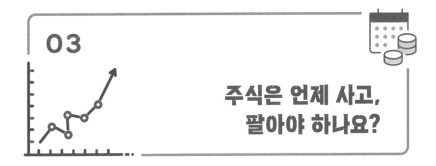

03

주식은 언제 사고, 팔아야 하나요?

승희: 선생님, 지난 시간에 '주식을 언제 사야 하는지'까지 질문하고 끝났네요!

선생님: 맞아. 오늘은 이 주제로 이야기해 봐야겠구나. 승희가 말한 '언제 주식을 사야 하는가?'는 일명 '마켓타이밍'에 관한 주제라고 볼 수 있어.

승희: 마켓타이밍이요?

선생님: 그래, 사고파는 타이밍이라는 뜻인데, 많은 사람이 이 마켓 타이밍을 맞히기 위해 부단히 노력해. 쉽게 말하면 모든 사람이 주식시장의 최저점에서 사려고 하고 모두 최고점에서 팔고 싶어 해. 이게 실제로 가능하면 어떤 일이 일어날까?

승희: 크크. 이걸 다 맞힌다면 아마 몇 년 안에 세계 최고의 부자가 되어 있지 않을까요?

선생님: 맞아. 승희 말대로 몇 년 안에 세계 최고의 부자가 될 수 있을 거야. 다음 그래프를 볼까? 우리가 해외를 갈 때 타는 대한항공의 주가 차트야. 좀 어지럽긴 한데, 선생님이 검정색 화살표와 주황색 화살표를 사용해서 표시해 봤어. 사람들은 주식투자를 하기 전에 착각 속에 빠지는 경우가 종종 있어. 저 타이밍을 다 맞힐 수 있다고 생각하는 거지.

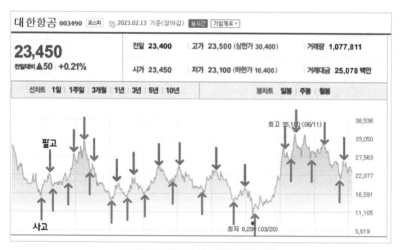

그림 34 주식 매수 타이밍은 언제일까?

승희: 에이, 설마요. 저거를 어떻게 다 맞혀요?

선생님: 생각보다 자신만만한 사람들이 많아. 우리는 과거의 결과를

보고는 '그때 살걸'이라고 말하지. 막상 그때는 계속 주가가 내려갈 것 같으니 사야되는 줄 모르고 지나가지. 그리고 지나고 나서야 '그때 팔걸'이라고 말하는 거야. 막상 그때는 계속 오를 것 같으니 팔아야 할 줄 모르고 지나가는 거지.

승희: 크크. 그래서 '껄무새'란 말이 있는 거군요. 주식투자 하는 사람들이 맨날 "~할걸, ~할걸"하고 앵무새처럼 반복한다고요.

선생님: 그래, 우스갯소리로 그런 말도 있더라. 그래서 많은 사람이 주식 차트를 연구하고 여러 가지 보조선을 그어보고 하지만 막상 주식투자에 응용하기는 쉽지 않아. 그래서 워런 버핏도 이런 말을 남겼어. "주식 차트를 통해 알 수 있는 것은 과거와 오늘까지, 내일은 알 수 없다."

승희: 그렇군요. 그러면 마켓타이밍을 맞히는 방법은 아예 불가능한 건가요?

선생님: 음, 꼭 그렇진 않아. 대가들이 공통으로 말하는 매수 타이밍이 존재하긴 해.

승희: 그래요? 그때가 언젠가요?

선생님: 존 템플턴 경의 말을 인용하자면, 최적의 매수 타이밍은 시장에 피가 낭자할 때라 그랬어. 그것이 설령 당신의 피일지라도 말이지.

"최적의 매수 타이밍은 시장에 피가 낭자할 때다.
설령 그것이 당신의 피일지라도 말이다."
–존 템플턴–

승희: 결국 주식시장이 폭락할 때 사라는 소리네요?

선생님: 그렇지. 워런 버핏도 비슷한 말을 남겼어. "공포에 사서 환희에 팔아라"라고 말이지.

"남들이 탐욕스러울 때는 공포를 느껴야 하고
남들이 공포에 빠져 있을 때는 탐욕을 부려야 한다."
–워런 버핏–

승희: 맞아요. 저도 주식 관련 책들을 여러 권 읽었는데 이런 문구를 많이 봤어요.

선생님: 그래, 맞아. 사실 이 부분은 많은 투자자가 알고 있는 부분이긴 해. 그런데 실행에 옮기긴 매우 어려워. 그 이유가 뭘까?

승희: 무서우니까 그런 거 아닐까요? 더 떨어질 것 같고….

선생님: 그래, 맞아. 사실 우리의 뇌는 원시시대 때부터 본능적으로 우리를 지키기 위해 위험이 오면 피하고 욕심을 부릴 상황이 오면 탐욕을 부리게끔 상황에 맞게 진화해 왔어. 공포에 떨고 탐욕에 욕심을 부리는 건 인간의 당연한 본성인 거지. 그런데 주식시장은 이와 반대로 해야 돈을 벌거든. 그러니 본능을 거슬러야 하는 행위가 얼마나 어렵겠어. 대다수는 머릿속으로 알고 있다 하더라도 본능대로 행동하기 마련이야. 선생님도 2020년 3월에 코로나19 사태로 주식시장이 폭락할 때 얼마나 무서웠었는 줄 아니.

승희: 그쵸? 선생님은 그 시기를 겪었으니….

선생님: 코스피 2200대에서 매수를 시작했는데 1400까지 지수가 폭락했으니…. 매일매일 계좌를 보고 있자니 마음은 괴롭고, 하루에도 '모두 손해를 보고 팔까'(손절)를 수없이 고민했어. 그래도 그때 읽고 있던 책 덕에 하락장에서 용기를 가지고 3번 분할 매수했던 게 추후 상승장에서 큰 수익으로 돌아왔지. 하락장에선 인터넷 카페의 많은 전문가가 지금은 실물 경제의 위기라 '이전의 위기와는 다르다'라는 말을 수없이 떠들어 댔어. 그리고 많은 사람이 지수가 훨씬 더 떨어질 테니까 '지금이라도 팔아야 한다'라는 말을 했지. 하지만 결국 지수는 반등했고, 그 반등은 일 년이 넘게 이어지며 코스피 지수 3300까지 다다랐어.

승희: 와, 하락에 베팅한 사람들은 그 상승장을 다 놓친 거네요.

**"투자에서 가장 위험한 말은
'이번에는 다르다' 이다."**

-존 템플턴-

선생님: 맞아, 그래서 상승과 하락을 예측하는 건 정말로 정말로 힘든 일이야. 그리고 그런 하락장이 와도 베팅하기란 또 매우 어려운 일이고.

승희: 그렇네요. 그리고 최적의 매수 타이밍은 '주식시장에 피가 낭자할 때'라고 이야기하는데, 그런 타이밍이 잘 안 오지 않나요?

선생님: 오, 예리한 지적이야. 코로나19 사태 정도로 역대급 하락장은 쉽게 오지 않는 편이야. 하지만 20% 정도의 하락장은 주식시장에선 평균 2~3년에 한 번 정도는 찾아오는 편이야. 그래서 고점 대비 20~30% 정도 하락한다면 들어가 볼 만한 타이밍인 것 같아.

승희: 그렇군요. 20% 정도의 하락이 2~3년에 한 번씩 찾아온다니 너무 무서운데요? 그러면 차트 말고 마켓타이밍을 객관적인 지표로 확인해 볼 수 있는 방법은 또 없을까요?

선생님: 물론 있지. 그건 바로 KOSPI의 PBR을 활용한 마켓타이밍이야.

승희: KOSPI의 PBR이요? 코스피 전체종목의 평균 PBR을 말하는 건가요?

선생님: 응, KOSPI의 PBR은 보통 0.8과 1.3 사이에서 움직이거든. 그래서 이 값이 0.8에 가까워질수록 투자금을 늘리고 1.3에 가까워질수록 투자금을 줄이는 방법이야. 역사적으로 봤을 때 KOSPI PBR 0.85 이하에서 매수했을 때 1년 뒤의 수익은 단 한 번도 마이너스를 기록한 적이 없어. 즉 무조건 수익이 났단 소리지.

승희: 와, 정말 구체적인 마켓타이밍 전략이네요! 선생님, 그러면 KOSPI PBR을 어디서 확인할 수 있어요? 오늘의 PBR이 얼마인지 궁금하네요.

선생님: 아, 그건 KRX 정보데이터시스템에서 확인할 수 있어! 직접 들어가 보면 더 좋아. QR코드도 책에 첨부해 둘게!

KRX 정보데이터시스템

승희: 한번 들어가 볼게요. 여기로 접속해서 어디로 들어가나요?

선생님: 응, 위의 메뉴 중에 통계-기본통계 들어가서 좌측 메뉴 중에 지수-주가지수-PER/PBR/배당수익률로 들어가서 확인할 수 있어. 한번 볼까?

그림 55 KRX정보데이터시스템

승희: 오늘의 코스피 PBR은 0.93이네요! 이 정도면 매수하기 괜찮은 지점일까요?

선생님: 0.85 아래라면 일 년 뒤에 수익이 날 수 있는 더 확실한 위치인데 지금 위치도 나쁘지 않다고 생각해. 기회를 더 볼 수도 있지만 조금씩 분할 매수하는 것도 괜찮은 방법인 거 같아. 어디까지나 참고만 하고, 주식 매수는 최대한 남에게 의존하지 말고 본인이 판단해야 해!

승희: 네, 참고해서 연구해 보도록 하겠습니다!

선생님: 그래, 이제 어느 정도 주식투자에 대한 자신감을 얻은 것 같니?

승희: 아니요, 그래도 여전히 주식투자에 대해 불안한 느낌은 있어요.

선생님: 그래. 맞아. 주식은 위험자산이니까 신중히 대하는 태도는 좋은 자세야. 아무것도 모르고 레버리지, 신용대출 받아 마구잡이로 투자하는 것보다는 차라리 안전한 예·적금이 훨씬 낫거든.

승희: 맞아요. 선생님 근데 실제로 우리나라에서 주식투자로 돈을 잃은 사람과 번 사람은 비율이 얼마나 될까요? 갑자기 궁금해졌어요.

선생님: 그래, 그건 다음 챕터에서 이야기해 볼까?

1. 매수 및 매도 타이밍을 잡는 것은 굉장히 어려운 일이다.

2. 투자의 대가들은 한결같이 '공포에 사서 환희에 팔라고 한다.'

3. 그러나 주식투자는 인간의 본성을 거슬러야 성공하기 때문에 대단히 어렵다.

4. KOSPI PBR을 활용한 마켓타이밍이 있다. KOSPI PBR이 0.9 이하일 때 매수하는 것은 괜찮은 마켓타이밍이다.

5. KOSPI의 PBR을 활용한 마켓타이밍에 관련한 자세한 분석 영상에 대한 링크를 QR코드로 첨부하니 참고하기 바란다.

그림 56 코스피PBR을 활용한 마켓타이밍

6. 해당 챕터를 읽은 소감을 정리해 보자.

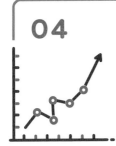

04 주식투자로 돈을 버는 사람들은 얼마나 되나요?

선생님: 마침 관련 기사가 있어서 가져와 봤어. 조선비즈 2020년 6월 28일 자 기사인데, 다음 기사를 볼까?

개인 투자자, 10명 중 4명 주식으로 손실.. 1명만 연 1,000만 원 초과 수익

지난 11년간 개인 투자자 10명 중 4명은 주식투자로 손실을 보았다는 조사 결과가 나왔다. 연간 1,000만 원을 초과하는 이익을 내는 개인 투자자는 10명 중 1명에 불과했다. 나머지 9명은 주식투자로 돈을 잃거나, 벌더라도 1,000만 원 이하의 이익을 내는 것으로 나타났다.

28일 정부와 금융투자 업계에 따르면 개인 주식투자자 600만 명 가운데 40%인 240만명이 연간 기준으로 원금 손실을 기록한 것으로 집계됐다. 높은 이익을 얻기 위해 증시로 뛰어들지만, 실상은 10명 중 4명이 원금을 지키지 못한다는 의미다. 〈조선비즈 2020. 6. 28.〉

개인투자자 주식 양도차익 구간별 인원 추정치					
	손실	0원~ 1000만원	1000만~ 2000만원	2000만원 초과	총
비율	약 40%	약 50%	약 5%	약 5%	100%
인원 (명)	약 240만명	약 300만	약 30만	약 30만	약 600만

승희: 와, 그래도 손실 비율이 40%면 제가 생각했던 것보다 훨씬 적은데요?

선생님: 그래? 얼마를 생각했길래. 절반 가까이가 잃었다는 건데, 사실은 안타까운 거지. 그리고 수익을 봤다고 하는 사람들도 0~1,000만 원 사이가 대부분이니 사실 은행 예금 이자 정도의 수익에 불과할 거야.

승희: 아, 그렇군요. 온갖 변동성을 견디면서 마음고생한 수익이 저 정도라면 별로 기쁘지 않겠네요.

선생님: 그렇지. 안전한 예·적금으로도 저 정도 수익은 얼마든지 낼 수 있어.

승희: 결국 상위 10% 정도만 많은 수익을 가져가는군요.

선생님: 그렇지. 결국 우리가 주식시장에서 성공하기 위해서는 상위 10% 안에 들어간다고 생각해야 해. 그러려면 뭘 해야 할까?

승희: 당연히 투자 공부요!

선생님: 맞아. 그래서 우리가 지금처럼 공부하고 독서하는 거지. 그런데 승희야, 우리가 꼭 스스로 직접 투자할 필요는 없어. 나보다 투자를 훨씬 잘하는 사람이 있다면 그 사람에게 나의 자금을 맡겨도 되는 거야. 그런 걸 뭐라고 했지?

승희: 아, 펀드요! 여러 사람의 기금(fund)을 모아서 펀드매니저가 자금을 대신 투자해 주잖아요.

선생님: 맞아. 그래서 정말 훌륭한 펀드매니저를 발견했다면 일정 수수료를 지불하고서라도 그 사람에게 투자를 맡기는 것도 괜찮겠지. 이 다음 챕터에서는 펀드의 종류에 대해서 알아볼까?

승희: 네, 다음 챕터에서 봬요!

선생님: 그래!

정리 및 제언

1. 주식투자자로 손실을 보는 투자자의 비율은 40% 정도이다.

2. 은행 예금 수준의 이익을 얻는 사람들의 비율은 40~50% 정도일 것으로 추정된다.

3. 예금이자를 초과하는 수익률을 얻는 투자자의 비율은 10% 정도에 불과하다.

4. 유의미한 수익을 거두는 상위 10% 이내에 들기 위해서는 '투자 공부'가 필요하다.

5. 투자를 잘하는 사람에게 나의 자금을 맡기는 방법도 있다. 이러한 것을 '펀드'라고 한다.

6. 해당 챕터를 읽은 소감을 정리해 보자.

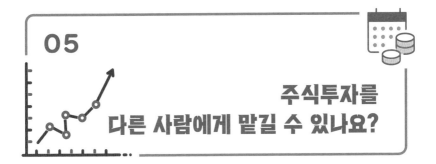

05

주식투자를
다른 사람에게 맡길 수 있나요?

승희: 선생님은 직접 투자를 하시는 편인가요, 아니면 펀드를 통해 투자를 다른 사람에게 맡기는 편인가요?

선생님: 그래, 직접 투자와 간접투자를 묻는 것이구나. 선생님은 직접 종목을 매매하기도 하고 ETF를 통해 다른 사람에게 투자를 위임하기도 해.

ETF란? Exchange Traded Fund의 약자로 '상장지수 펀드'라고 해. 여러 개의 주식을 담고 있어 개별주식을 고르는데 수고를 하지 않아도 되는 펀드의 장점과 개별주식처럼 시장에서 원하는 가격에 매매 가능한 장점이 결합된 상품이야.

승희: 그렇군요. 직접 투자할 수 있음에도 불구하고 다른 사람에게 투자를 맡긴다는 건 나보다 더 똑똑한 사람이라는 것을 믿기 때문이겠죠?

선생님: 맞아! 펀드매니저는 적어도 나보다 경제에 대하여 훨씬 더 많이 공부한 사람이고 각종 경제상품을 다루는 능력도 출중해. 그래서 좋은 펀드매니저를 선택할 수 있다면 내가 직접 자산을 운용하는 것보다 더 나은 성과를 올릴 수 있어.

승희: 선생님, 그럼 저 같은 경우는 무조건 펀드매니저에게 맡기는 편이 유리하지 않을까요? 저는 아직 경제에 대해서 잘 모르는 학생일 뿐이잖아요.

그림 57 다른 사람에게 위탁하는 '펀드'

선생님: 그렇지? 자신의 상황을 객관적으로 잘 성찰하는 승희가 갑자기 멋져 보이네. 그런데 모든 펀드매니저가 시장을 초과하는 성과를 내지는 않아. 생각보다 많은 펀드매니저가 주식시장에서 고전하곤해. 시장수익률을 이기기가 쉽지 않거든.

승희: 시장수익률은 코스피와 코스닥의 평균 지수를 말하는 건가요?

선생님: 맞아! 투자 성과를 측정해 보기 위해서는 단순히 주식시장에서 얼마를 벌었다, 잃었다가 아니라 '코스피, 코스닥 지수 대비해서 얼마의 성과를 거뒀냐'가 굉장히 중요해. 이런 기준점이 되는 값을 벤치마크(BM) 지수라고 해. 이게 중요한 이유는 예를 들어 수학 시험에서 50점을 맞은 아이가 시험을 잘 봤는지, 못 봤는지 알기 위해서는 평균을 봐야 하거든. 만약 해당 시험 평균이 30점이었다면 이 친구는 평균보다 20점이나 잘한 셈이고, 평균이 70이라면 평균보다 20점이나 못 한 셈이 되는 거지. 예를 들어, 두 명의 투자자가 각각 5%의 수익을 올렸지만, A 투자자는 코스피가 15% 상승한 기간의 수익이라 지수 대비 10%p 하회하지만 B 투자자는 지수가 5%나 하락할 때 5%의 수익을 올렸기 때문에 지수 대비 무려 10%p나 상회하는 훌륭한 성과를 올린 투자가 된 셈이지. 결국 B 투자자가 어려운 시기에 좋은 투자를 했다고 볼 수 있어.

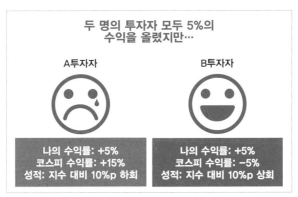

그림 58 5% 수익을 올린 두 명의 투자자

반대로 두 명의 투자자 모두 5%의 손실을 봤지만, 코스피 수익률이 0%로 횡보한 구간에서 입은 손실이라면 이는 지수 대비 5%p 밑도는 결과를 낸 것이지. 또 같은 5%의 손실이라도 지수가 10% 하락하는 구간에서 입은 손실이라면 이는 오히려 지수를 5%p 상회한 성과를 낸 셈이야.

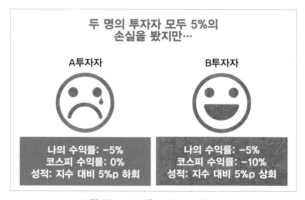

그림 59 5% 손실을 본 두 명의 투자자

승희: 그렇군요. 꼭 지수랑 비교해 봐야겠네요.

선생님: 맞아, 실제로 다음 표를 보고 어떤 투자자가 투자를 잘했는지 비교해 보자. 실제 2020년부터 3개년의 코스피, 코스닥 지수를 가지고 와서 비교해 볼게. 먼저 2020년도야. 기준일은 2019년 말부터 2020년 말까지로 잡아볼게.

기간	구분	기간초	기간말	수익률	초과수익	
					코스피 대비	코스닥 대비
2019.12.31. ~ 2020.12.31.	코스피 지수	2197.67	2873.47	30.7%		
	코스닥 지수	669.83	968.42	44.6%		
	A 투자자	1,000,000원	1,257,000원	25.7%	− 5%p	−18.9%p
	B 투자자	1,000,000원	1,507,000원	50.7%	+20%p	+6.1%p

표 5 실제 투자기간 동안 A, B의 투자 실적 비교(2020년)

선생님: 코로나로 인해 각국에서 화폐를 찍어내면서 많은 화폐가 자산을 끌어올리는 시점이었어. 그래서 A, B 둘 다 이 기간에 투자했을 때는 손해를 보지 않고 수익을 봤어. 지수가 큰 폭으로 상승할 때는 솔직히 원숭이가 종목을 찍어도 수익을 얻기 쉬울 정도야. 그래서 A, B 투자자 모두 수익을 봤네. 그런데 승희가 봤을 때 A, B 두 명의 투자자 중에 누가 투자를 잘한 것 같니?

승희: 두 분 모두 수익을 보긴 했지만, B 투자자가 압도적으로 좋은 성과를 올렸네요. A 투자자는 지수를 많이 밑돌았어요. 수익을 얻었다고 마냥 좋아할 건 아닌 것 같네요. 그냥 지수를 추종하는 인덱스 펀드(Index Fund)를 사는 게 더 좋은 수익을 올릴 수 있었네요.

인덱스 펀드란? '패시브 펀드'라고 하기도 하며, 지수를 추종하기 위해 만들어진 상품으로 우리나라 같은 경우 코스피200지수를 추종하는 KODEX200과 같은 ETF가 있고, 미국의 S&P500지수를 추종하는 SPY 같은 ETF가 있어. 인덱스 펀드를 구매하면 지수에 있는 대다수의 종목을 구매하는 것과 같은 효과가 있지.

선생님: 그렇지? 이렇게 지수와 비교하면 자신의 투자 선택에 큰 도움이 될 텐데, 많은 투자자는 지수와 나의 수익을 비교하지 않기 때문에 돈을 벌 때는 벌었다고 좋아하고 잃을 때는 잃었다고 슬퍼하며 투자 방법이나 전략의 개선이 없는 상태가 지속되기도 해. 두 명의 투자자의 2021년도 실적을 한번 볼까?

기간	구분	기간초	기간말	수익률	초과수익	
					코스피 대비	코스닥 대비
2020.12.31. ~ 2021.12.31.	코스피 지수	2873.47	2977.65	3.6%		
	코스닥 지수	968.42	1033.98	6.8%		
	A 투자자	1,257,000원	1,289,700원	2.6%	−1%p	−2.2%p
	B 투자자	1,507,000원	1,654,700원	9.8%	+6.2%p	+3%p

표 6 실제 투자기간 동안 A, B의 투자 실적 비교(2021년)

승희: 와, B 투자자는 2년 연속 코스피와 코스닥 지수를 모두 이겼네요. 대단한 투자자네요. A 투자자는 작년보다 투자 실적이 나아지긴

했지만, 여전히 코스피와 코스닥 지수를 밑도네요.

선생님: 맞아, 만약 A 투자자가 코스피와 코스닥 모두에게 지는 상황이 몇 년간 반복된다면 해당 투자자는 모든 개별주를 과감하게 정리하고 지수에 투자하는 인덱스 펀드를 매수하는 게 훨씬 나은 선택일 거야. 마지막으로 2022년의 성과를 한번 볼까?

기간	구분	기간초	기간말	수익률	초과수익	
					코스피 대비	코스닥 대비
2021.12.31. ~ 2022.12.31.	코스피 지수	2977.65	2236.4	−24.9%		
	코스닥 지수	1033.98	679.29	−34.3%		
	A 투자자	1,289,700원	808,600원	−37.3%	−12.4%p	−3%p
	B 투자자	1,654,700원	1,434,600원	−13.3%	+11.6%p	+21%p

표 7 실제 투자기간 동안 A, B의 투자 실적 비교(2022년)

승희: 와, 지수가 20~30%가 하락하는 시기라니…. 투자자들에게는 끔찍한 시간이었겠네요. 두 명의 투자자 역시 모두 손실을 봤어요. 하지만 B 투자자는 지수 하락에 비해 상당히 손실을 잘 막아냈네요. A 투자자는 그냥 인덱스 펀드에 투자하는 것을 강력 추천합니다!

선생님: 그래, 선생님이 좀 극단적인 두 명의 투자자를 예시로 들었어. 자신의 투자 실력을 점검하고 향상시키기 위해서는 매달, 매년마

다의 투자 성과를 기록해 보는 것이 좋아. 기록하다 보면 지수를 능가하기가 얼마나 어려운지 잘 깨닫게 되고 이는 자신의 투자 실력 점검과 전략 개선으로 이어지게 돼.

승희: 선생님 그렇다면 벤치마크 지수를 초과하는 펀드매니저의 비율은 얼마나 되는 건가요? 제 돈을 맡기려면 이왕이면 지수보다 초과수익을 내는 펀드매니저에게 맡겨야 하지 않겠어요?

선생님: 물론 당연하지. 지수 대비 훌륭한 성과를 내고 있는 펀드매니저를 찾기란 매우 어려워. 장기간(10년 이상) 벤치마크를 초과하는 성과를 꾸준히 내는 펀드매니저는 통계상 소수에 불과해. 심지어 전체 펀드매니저의 5%가 안 된다고 해. 펀드매니저가 100명이라면 5명 정도만 시장지수를 초과하는 수익률을 내고, 그 외 95명은 시장지수보다도 못한 수익률을 올리는 셈이지.

승희: 헐, 시장지수를 이기는 게 이렇게 어려운 건가요?

선생님: 굉장히 어려워. 이런 사실을 알고 나서 투자를 해본다면 시장지수를 이기는 데 얼마나 힘든지 깨닫게 될 거야. 그래서 우리는 개인적으로 투자할 수도 있지만 시장지수를 추종하는 인덱스 펀드를 사서 개별 종목을 선정하는 심적 부담감에서 벗어날 수도 있어. 이러한 인덱스 펀드를 사면 이미 상위 5%에 해당하는 투자자가 되는 셈이

니까. 심지어 워런 버핏도 자신이 죽으면 자신의 자산 대다수를 미국 S&P500을 추종하는 ETF에 투자하라고 유언을 남길 정도였으니…. 버핏은 인덱스 펀드의 위대함을 아는 것이지.

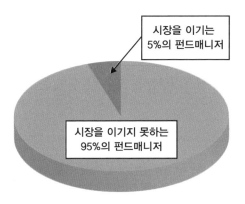

시장을 이기는
5%의 펀드매니저

시장을 이기지 못하는
95%의 펀드매니저

그림 60 시장지수보다 나은 성과를 보인 펀드매니저의 비율

승희: 그렇군요. 그럼 힘들게 투자할 필요 없이 시장지수만 추종하는 인덱스 펀드만 사도 충분할 것 같네요? 시장지수를 추종하는 인덱스 펀드에는 어떤 것이 있는지 알려주세요!

선생님: 응, 예를 들어 코스피 지수를 추종하는 인덱스 펀드의 대표 주자로는 KODEX200이나 TIGER200과 같은 ETF들이 있어. 한 주 당 3만 원 내외에서 형성이 되어 있는데 한 주라도 사면 코스피 시 가총액 1위부터 200위까지의 주식을 한번에 살 수 있다는 장점이 있고, 수수료도 매우 저렴해. 또 코스닥 지수를 추종하는 인덱스 펀 드는 KODEX코스닥150이나 TIGER코스닥150과 같은 ETF들이

있어. 코스닥 시가총액 기준 1위부터 150위까지의 종목을 모두 포함하고 있지. 미국 같은 경우 시가총액 1위부터 500위까지의 기업을 모두 담은 인덱스 펀드는 SPY, IVV, VOO와 같은 것들이 있어. 또한 나스닥 기술주 시가총액 1위부터 100위까지 담은 QQQ라는 유명한 ETF가 있지.

승희: 와, 시가총액 상위기업들을 모두 살 수 있는 아주 간단한 방법이네요!

SPY – 미국 시가총액 상위 500개 기업을 모아둔 ETF
QQQ – 미국 나스닥 시장 시가총액 상위 100개 기업을 모아둔 ETF
KODEX200 – 한국 코스피시장 시가총액 상위 200개 기업을 모아둔 ETF

그림 61 대표적인 인덱스 펀드(INDEX FUND)

선생님: 맞아, 자동으로 시가총액을 기준으로 재조정해 주기 때문에 개인 투자자가 종목 선정할 부담이나 스트레스가 없어지는 셈이고, 장기적으로 우상향하는 미국 시장에 투자하는 아주 좋은 방법이 바로 미국 시장지수에 투자하는 인덱스 펀드를 사는 거야.

승희: 그렇군요. 선생님 그런데 각종 증권사에서 만들어 판매하는 펀드 상품은 인덱스 펀드와 다른 것인가요?

선생님: 응, 맞아. 펀드매니저가 자산운용사를 통해 직접 운용하는 펀드를 액티브 펀드(ACTIVE FUND)라고 해. 액티브 펀드는 펀드매

니저가 자신의 판단에 따라 종목을 매수하고 매도하는 펀드인데 시장수익률보다 높은 수익을 추구하려고 운용해. 하지만 생각보다 쉽지 않지.

승희: 그럼 선생님은 ETF 매수를 추천하시는 편인가요?

선생님: 응, 선생님은 장기적으로 수수료도 저렴하고 시장수익률을 추종하는 인덱스 펀드의 매수를 추천하는 편이야. 펀드매니저의 주관적 판단이 개입되지 않은 KODEX200이나 SPY 같은 ETF들도 있지만 펀드매니저의 주관이 개입된 그 외 ETF들도 괜찮은 것들이 꽤 있어. 그리고 미국 시장에는 시장지수를 뛰어넘는 ETF들도 있어서 잘 찾아보면 좋은 투자처를 찾을 수 있어.

승희: 그렇군요. 투자 성과가 지수의 수준을 초과하는 ETF가 있다면 예시를 알려주실 수 있을까요?

선생님: 그래, 우리나라 같은 경우는 지수를 초과하는 ETF가 거의 없는 것 같구나. 미국 시장 같은 경우는 일부 ETF가 지수를 초과하기도 하지만 특정 기간의 일이라 앞으로 어떻게 될지는 장담할 수 없어. 그래서 지수를 추종하는 ETF를 사는 게 가장 마음이 편하기도 해.

승희: 좋은 정보 알려주셔서 감사합니다. 선생님, 근데 지수를 초과

하여 이익을 거두는 투자자들은 많이 없다고 하셨는데, 초과수익을 내는 대가들의 매매기법을 알면 많이 도움이 될 것 같아요. 소개해 주실 수 있나요?

선생님: 물론이지, 이번 파트의 내용은 짧았지만, 지금까지 쓴 내용 중 가장 중요하다고 생각하니 꼭 다시 한번 읽어보렴. 다음 파트에선 본격적으로 다양한 투자 대가들의 매매기법을 소개해 볼까 해. 기대하렴!

승희: 네!

버핏과 헤지펀드의 재미있는 내기

2007년 버크셔 해서웨이의 회장인 워런 버핏은 뉴욕의 헤지펀드 운용사인 프로테제 파트너스의 테드 지네스 회장과 100만 달러(약 13억 원)의 내기를 했다. 헤지펀드란 다양한 금융 상품에 투자하여 고수익을 목표로 하는 투기성 자본인데, 이를 운용하는 매니저인 만큼 실력이 대단했을 거야. 버핏은 미국 S&P500을 추종하는 뱅가드 운용사의 인덱스 펀드를 샀고 헤지펀드매니저는 자신이 최고로 엄선한 종목에만 골라서 투자 내기를 진행했어.

다시 말하자면 결국 패시브 펀드(인덱스 펀드)와 액티브 펀드의 대결인 셈이야. 운용 기간은 2008년 1월 1일부터 2017년 12월 31일까지였대. 이 내기에서 이긴 사람이 100만 달러를 승자 이름으로 자선단체에 기부하기로 했대. 참 아름다운 내기지?

결과는 어떻게 됐을까? 결과는 워런 버핏의 인덱스 펀드가 압승을 거두는 것으로 끝이 났어. 버핏이 고른 인덱스 펀드는 2016년 말까지 연평균 7.1%의 고수익을 낸 데 반해서 프로테제의 헤지펀드 수익률은 2.2%에 그쳤대. 버핏이 고른 인덱스 펀드는 S&P500

지수를 추종하기 때문에 투자에 대해 딱히 해야 할 일이 크게 없는 데 반해 헤지펀드는 매니저가 계속해서 새로운 종목을 선정해야 하기 때문에 펀드 운용 수수료도 더 비쌀 뿐더러 시장조차 이기질 못한 거지.

그림 62 워런 버핏과 헤지펀드의 수익률 내기

액티브 펀드인 헤지펀드는 시장수익률보다 높은 수익을 내는 것을 목표로 하기 때문에 펀드매니저가 직접 관여로 인건비를 포함한 추가 비용이 많아지게 되면서 운용비용도 증가해. S&P500인덱스 펀드의 운용비용은 0.03% 정도로 아주 저렴하지만, 헤지펀드는 2%의 운용 비용과 20%의 인센티브까지 가져가기에 워런 버핏은 이미 이러한 비용차이에서 자신의 승리를 예감했던 것 같아.

인덱스 펀드는 시장 전체에 투자하는 만큼 개별 기업의 리스크, 시장 상황, 경제 상황 등에 크게 영향을 받지 않고 안정적으로 갈 수 있어. 토끼와 거북이의 경주에서 거북이가 이기는 모양이라고 할까.

> **"개인 투자자들에게 가장 합리적인 수단은 저비용 인덱스 펀드에 꾸준히 투자하는 것이다. 투자수익을 늘리는 비결은 좋은 회사를 고르는 데 있는 것이 아니라 인덱스펀드를 계속해서 구입해서 종합지수에 포함된 모든 기업들에 투자하는 데 있다."**
> – 워런 버핏 –

정리 및 제언

1. 투자 실력을 점검하기 위해서는 반드시 기준이 되는 벤치마크(BM) 지수와 비교해 보아야 한다.

2. 개인이 직접 투자하지 않고도 액티브 펀드 혹은 인덱스 펀드 매수를 통한 간접투자가 가능하다.

3. 장기간 시장지수를 초과하는 액티브 펀드의 비율은 5%가 되지 않는다.

4. 시장지수를 추종하는 인덱스 펀드만 매수해도 상위 5% 안에 들 수 있는 투자자가 될 수 있다.

5. 나의 투자 실력을 지수와 비교하지 않고 맹목적으로 투자하는 것은 투자 실력 향상에 아무런 도움이 되지 않는다.

6. 지수를 이기지 못하는 투자자는 인덱스 펀드를 매수하는 것이 가장 현명한 길이다.

7. 해당 챕터를 읽은 소감을 정리해 보자.

위대한 주식투자자의
투자 기법 소개

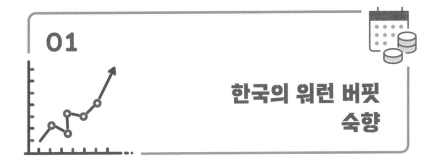

01

한국의 워런 버핏
숙향

승희: 선생님, 사실 이번 파트가 제일 기대가 돼요. 위대한 주식투자자들은 어떤 식으로 주식을 사고파는지 너무 궁금했거든요. 이분들의 매매기법만 잘 따라 해도 장기간 시장을 초과할 수 있는 수익을 올릴 수 있는 것 아닌가요?

선생님: 그래, 맞아. 위대한 투자의 대가들이 쓴 서적들에는 장기간 시장을 상회할 수 있는 주식 매매기법들이 소개되어 있어. 하지만 생각보다 이들을 따라 해서 돈을 버는 투자자들은 소수인 편이야.

승희: 왜 소수일까요?

선생님: 이분들의 투자 기법을 따라 하면 당장에라도 큰 부자가 될 것 같지만 막상 따라 해보면 그렇지 않거든. 때로는 손실을 기록하기

도 하고, 어떤 해에는 오히려 시장보다 못한 수익률을 기록하는 구간
도 있거든. 그래서 그러한 구간에서 많이들 포기하게 되는 것 같아.
그래서 주식시장에서 성공하기 위해서는 원칙을 세우고 인내심 있
게 끝까지 가져가려는 마인드가 굉장히 중요해. 이런 원칙과 인내심
이 없다면 주식시장의 등락에 일희일비하거나 다른 사람들의 말에
휩쓸려 결국은 투자 원칙을 유지하기 어렵기 때문이야.

제프 베조스가 워런 버핏에게 다음과 같이 물었대.

"워런, 당신의 투자 전략은 굉장히 간단한데 왜 아무도 따라 하지를
않는 거죠?"

그러자 워런 버핏은 다음과 같이 말했대.

"아무도 천천히 부자가 되고 싶어 하지 않기 때문이죠."

버핏의 연평균 수익 20%는 대단한 숫자임에도 불구하고 사람들은
이보다 훨씬 높은 수익을 추구하다 결국 어리석은 행동을 하고 만다
는 거야. 이런 인간의 행위는 바로 인간의 본성인 탐욕과 공포와도
관련성이 깊어.

승희: 그렇군요. 그래도 배워보고 싶어요. 대가들의 투자 방법을….
처음으로 소개해 주실 분은 누구일까요?

선생님: 먼저 첫째로 소개해 줄 분은 위대한 가치투자자 '숙향' 님이
야. 이분은 어렵고 박스권에 갇힌 한국 시장에서도 18년 이상 연복
리 수익률 16.5%의 성과를 올리고 있는 위대한 투자자야. 그래서

'한국의 워런 버핏'이라고 불리기도 해. 선생님은 사실 유튜브에 있는 많은 슈퍼개미들을 알고 있지만 그렇게 신뢰하고 있지는 않아. 왜냐하면 실제 투자 전략에 대하여 명확히 설명하거나 매수매도 이력에 대해 정확히 밝히고 있지 않기 때문이야. 그런데 숙향 님은 '가치투자연구소'라는 네이버 카페에서 매달 자신의 투자 실적을 게시하고 매매 종목들을 낱낱이 공개하고 있어. 그래서 더욱 신뢰가 가는 투자자이지. 물론 수익률도 대단하고.

승희: 와, 그렇군요. 숙향 님은 지난번에 선생님이 언급하신 게 기억나네요. 숙향 님은 어떤 방식으로 투자하시나요?

선생님: 선생님도 숙향 님이 쓴 책을 2권 정도 읽었는데 이분의 매매 기법은 생각보다 너무 단순해서 '이렇게 매수하면 정말 돈을 벌 수 있는 것이 맞나?'하는 생각이 들 정도야. 숙향 님은 몇 가지 지표로

그림 63 숙향의 저서

기업을 선정하는데 그것은 바로 PER, PBR, 배당수익률, 순현금 보유 여부야.

승희: 딱 4가지 지표로만 기업을 선정하나요?

선생님: 4가지 지표로 일차적으로 기업을 거른 후에 그 기업을 조사해서 최종 선택을 하는 편이지. 먼저 PER이 10보다 작은 회사를 선택해. 그다음 PBR이 1보다 작은 회사를 선택하는 거야. 그다음은 그중에 배당수익률이 높은 회사를 선별해. 그리고 마지막은 회사가 보유한 현금성 자산이 많은 곳을 선택하는 거야. 이런 4가지 조건을 잘 이해해서 종목을 10~20개 정도로 분산하여 5년 이상 장기투자하는 거야. 그렇게만 한다면 시장을 초과하는 수익률을 올릴 수 있다는 것이지. 아래에 정리해 줄게.

숙향이 투자기업 선정 시 고려하는 네 가지 조건
(단, 금융회사와 지주사 등은 제외한다)

1. PER 10 이하: 낮을수록 좋다.
2. PBR 1 이하: 낮을수록 좋다.
3. 배당수익률이 은행 정기 예금 금리 이상 (높을수록 좋다.)
4. 순현금 기업: 회사에 현금은 많을수록 좋다. (4번은 위의 3가지 조건보다 덜 중요함.)

승희: 정말 이렇게 간단한 조건만으로 시장을 초과하는 수익을 낼 수 있다는 것인가요?

선생님: 맞아. 이렇게 간단한 4가지 조건에 상응하는 기업을 선택한 것만으로 시장을 초과하는 수익을 실제로 증명해 내고 계시는 분이 바로 숙향 님이야. 단 이렇게 선정한 기업은 흔히 말하는 시장에서 저평가돼 있고 사람들이 잘 처다보지 않는 비인기 종목일 가능성이 높아. 그러니까 기대감이 없어서 PER이나 PBR이 낮게 형성되어 있는 것이지. 하지만 여기에서 초과수익이 발생할 수 있다는 뜻이야. 우리 주위를 봐도 시험에서 매일 만점을 받는 학생이 간혹 한두 개를 틀린다면 실망감이 이루 말할 수 없지만, 매일 빵점을 맞던 학생이 갑자기 40~50점을 맞는다면 기대감이 올라가면서 주가도 덩달아 뛰는 셈이지. 단지 힘든 점은 제 가치를 인정받을 때까지 기다릴 수 있는 인내심이야. 숙향 님이 배당수익률을 4가지 조건 중에 넣은 것은 이러한 비인기 종목의 주가가 오를 때까지 기다리는 원동력이 바로 배당금이야. 그냥 기다리는 것은 힘들지만 매년 혹은 분기마다 나오는 배당금을 받는다면 오랜 기간을 투자할 수 있는 힘이 생긴다는 것이지.

승희: 그렇군요. 아무리 좋은 전략을 가르쳐줘도 결국은 실행하는 사람에 따라 수익을 볼 수도, 보지 못할 수도 있겠군요. 결국은 인내심 싸움으로 귀결되는군요. 주식투자 전에 마인드 세팅을 잘해야겠어요. 선생님, 그런데 왜 금융회사와 지주회사는 투자종목에서 제외하나요?

선생님: 응, 좋은 질문이야. 금융회사는 여전히 돈을 잘 벌고 있고 지주회사도 배당을 잘 주는데 왜 제외하냐는 거지? 사실 선생님도 그 부분이 처음에는 좀 의아했어. 충분히 저평가되어 있고 돈을 잘 번다면 매수 종목에 포함시켜야 되는 것이 아닌가 하고. 이에 대해선 이런 의견들이 있어. 우선 우리나라에서 금융회사는 만년 저평가 종목 중에 하나야. 충분히 싸지만, 주가는 오르지 잘 오르지 않거든. 그래서 지수 대비 초과 이익을 얻기 어렵다는 거지. 그리고 지주회사 같은 경우에 회사의 경영자들이 자신의 자녀에게 경영권을 상속하기 위해 만든 회사들인 경우가 많이 있어서 상속세를 덜 내려는 등의 이유로 주가가 오르지 못하도록 억누르기도 해. 그래서 이런 회사들의 경우 저평가되어 있다 하더라도 가급적 투자를 피하는 거지. 물론 주주 친화적인 금융회사와 지주회사도 있어서 편견만 갖고 보는 것도 옳지 않은 자세인 듯 해.

지주회사란? 다른 회사의 주식을 소유함으로써 사업 활동을 지배하는 것을 주된 사업으로 하는 회사야. 예를 들면 A 기업 계열사가 여러 개가 있다면 A 기업은 계열사의 주식을 소유하고 회사의 경영자는 A 기업의 주식만 소유하면 A 기업을 통해 나머지 기업을 모두 지배할 수 있는 셈이야.

금융회사란? 금융은 '돈의 융통'이라는 뜻이야. 즉 돈을 빌리고 빌려주는 것을 말하는데, 은행, 증권사, 보험사, 신용카드회사 등이 금융업을 주로 하는 회사야. 이런 회사를 통칭하여 금융회사라고 그래.

승희: 그렇군요. 선생님 실제 숙향 님의 투자 성과가 궁금한데 공유 가능하실까요?

선생님: 물론 가능하지. 숙향 님은 매달 '가치투자연구소'라는 네이버 카페에 자신의 투자 실적을 공개하고 계시거든. 친구랑 투자금의 절반씩 모아 만든 '친구'라는 펀드의 투자 실적을 한번 살펴볼까? 실제 숙향 님의 동의를 구하고 자료를 책으로 가져왔어.

2. 시장수익률 vs 운용수익률 비교

시장 지수와 투자 수익률 비교   2021-08-24

연도	Kospi				펀드(친구) 투자금 변화				Kospi 대비
		지수등락	등락률	1.5억 투자	연초	연말	손익	수익률	
2013-03	2,004.89								
2014-03	1,985.61	-19.28	-1.0%	148,558	150,000	178,896	28,896	19.3%	20.2%
2015-03	2,041.03	55.42	2.8%	152,704	178,896	286,078	107,182	59.9%	57.1%
2016-03	1,995.85	-45.18	-2.2%	149,324	286,078	302,097	16,019	5.6%	7.8%
2017-03	2,160.23	164.38	8.2%	161,622	302,097	296,050	-6,047	-2.0%	-10.2%
2018-03	2,445.85	285.62	13.2%	182,991	296,050	372,677	76,627	25.9%	12.7%
2019-03	2,140.67	-305.18	-12.5%	160,159	372,677	399,649	26,972	7.2%	19.7%
2020-03	1,754.64	-386.03	-18.0%	131,277	399,649	374,796	-24,853	-6.2%	11.8%
2021-03	3,061.42	1,306.78	74.5%	229,046	374,796	505,939	131,143	35.0%	-39.5%
2021-08	3,138.30	76.88	2.5%	234,798	505,939	574,162	68,223	13.5%	11.0%
계		1,056.53	67.6%				424,162	158.2%	90.6%
8.5년 평균 수익률			7.9%					18.6%	10.7%

복리수익률: 5.4%   복리수익률: 17.1%

그림 64 숙향의 투자 실적(2013~2021)

선생님: 위 표는 실제로 숙향 님이 친구분과 7,500만 원씩 총 1억 5,000만 원을 가지고 2013년부터 투자를 시작한 결과를 기록한 내

용이야. 2021년 8월에 모두 청산하여 다시 자신의 지분 절반을 나 눠 가졌지. 천천히 표를 들여다보자.

먼저 2014년에는 코스피 지수는 -1%로 하락했는데 펀드(친구) 는 19.3% 이익을 얻어서 지수 대비 20.2%p 초과 수익을 올렸어. 2015년에는 지수가 2.8% 상승했는데 펀드(친구)는 59.9%p 수익을 올려서 지수 대비하여 57.1%p 초과 수익을 올렸어. 이런 식으로 보 면 지수를 밑도는 수익을 올린 기간도 보이지?

승희: 네! 2017년과 2020년에는 각각 -2%, -6.2%의 수익을 올렸 고, 2017년과 2021년에는 지수 대비하여 -10.2%p, -39.5%p를 밑 돌았네요. 2021년은 지수 대비 하회가 너무 커서 꽤 힘들었을 법한 한 해였겠어요.

선생님: 맞아. 대가의 투자 기법을 따라 한다고 하더라도 100% 수 익을 올리는 공식은 존재하지 않아. 다만 시장을 이길 확률이 높다 는 것이지. 결국 숙향 님은 9년의 투자 기간에 7번은 시장을 이겼고 2번은 시장에게 졌어. 그래서 최종 수익을 확인해 보니 코스피 지수 는 9년 동안 67.6% 상승했고 숙향 님의 펀드(친구)는 158.2% 상승 해서 지수를 90.6%p나 초과했어.

연평균 복리 수익률로 따졌을 때 코스피는 매년 5.4% 올랐지만, 펀 드(친구)는 17.1% 오른 셈이지. 결국 숙향 님의 펀드(친구)는 1억 5,000만 원에서 펀드 종료 시점에 5억 7,400만 원이 되었어. 만약 코스피에 투자하는 인덱스 펀드였다면 2억 4,000만 원쯤 되었을 거야. 그러니까 초과수익이 상당한 거지.

숙향(친구) 실적 (운용 기간: 2013년 3월 ~ 2021년 8월)		
	투자 원금(2021년 3월)	총금액(2021년 8월)
KODEX200 ETF	150,000,000원	약 240,000,000원
펀드(친구)	150,000,000원	약 574,000,000원

표 8 숙향의 투자 실적(2013~2021)

승희: 와, 정말 멋지네요. 저도 이런 친구가 있으면 매우 든든할 것 같아요. 제 투자금도 대신 부탁하려고요…. 정말 대단한 투자자이신 것 같네요. 특히 수익이 시장보다 밑돈 2017년과 2021년에도 자신의 투자 원칙을 지킨다는 것은 정말로 대단해요. 저도 시장이 조금만 하락해도 무서워서 다 팔아버리고 싶을 때가 많거든요. 그러면 숙향 님은 한번 매수하면 9년 동안 매도를 하지 않으신 건가요?

선생님: 그건 아니야. 숙향 님도 기업의 상황에 따라 한 기업을 팔고 다른 기업을 살 때도 있고 비중을 조정하기도 해. 만약 어떤 기업을 굳이 팔아야 한다면 그건 다음과 같은 상황이라고 하셨어.

숙향의 매도 3원칙

1. (처음에 생각했던) 적정 주가에 도달했을 때
2. 애초 투자 아이디어가 잘못됐음을 알았을 때
   (내가 생각한 기업 전망이 잘못됐거나 기업의 재무 상태 등을 잘
   못 파악한 경우 등)
3. 더 훌륭한 종목을 발견했을 때

선생님: 위와 같은 원칙을 갖고 있지만 실제로 매도는 정말 어려운 일이야. 오죽하면 '매수는 기술, 매도는 예술!'이라는 말이 있지 않니. 적당한 시점에 매도하기란 정말 어려운 법이야. 매도하고 갑자기 상승하는 종목들도 부지기수거든. 그럴 때마다 후회하곤 하지. 위대한 가치투자자 벤저민 그레이엄이 말했듯 보통 주식의 보유기간을 2~3년으로 잡아. 하지만 숙향 님은 은행 금리 이상의 배당금을 지급하면서 충분히 저렴한 주식의 경우 재무구조가 우수하다면 보유기간의 제한을 둘 필요가 없다고 해. 정말 좋은 기업이라면 계속해서 보유하는 것이지. 워런 버핏이 코카콜라 주식을 30년간 보유하고 있는 것처럼 말이야!

승희: 정말 대단하신 분이네요. 저도 이분의 마인드를 따라가기 위해 노력해야겠어요!

선생님: 응, 숙향 님이 집필한 서적이 2권 정도 있으니 읽어보면 정말

도움이 될 거야. 우리 책 후반부에 선생님이 추천하는 주식투자 추천 서적도 첨부할 예정이니 꼭 참고하도록 하렴. 그러면 다음 투자의 대가를 만나러 가볼까?

승희: 네!

정리 및 제언

1. 한국 시장에서 연평균 복리 수익률을 장기간 20% 정도로 유지한 위대한 투자자 숙향 님의 매매기법은 매우 단순하다.

2. PER 10 이하 PBR 1 이하, 은행 예금이자 이상의 배당수익률, 순현금 기업 등으로 매수할 주식을 선택한다.

3. 때로 시장을 밑도는 수익을 올릴 때도 있지만 매수와 매도의 원칙을 유지하는 것은 장기적으로 초과수익을 올릴 수 있는 가장 중요한 철칙이다.

4. 《이웃집 워런 버핏》, 《숙향의 주식투자 이야기》 등 숙향 님의 서적 2권을 읽어보길 추천한다.

5. 해당 챕터를 읽은 소감을 정리해 보자.

....

....

....

02

퀀트 투자를
전파한 강환국

승희: 선생님, 오늘 만나 볼 투자의 대가는 누구인가요?

선생님: 이번에는 20만 퀀트 투자 유튜버로 유명한 강환국 님의 투자 방법을 소개해 볼까 해. 선생님이 지난번에 이야기한 적 있지?

승희: 네! 계량적 투자라고 하셨죠? 개인의 주관적인 판단을 개입하지 않고 오로지 숫자로만 측정될 수 있는 수치로 투자하는 방법이 퀀트라고 하셨잖아요.

선생님: 맞아. 잘 기억하고 있구나. 강환국 님은 퀀트 투자의 불모지(?)인 우리나라에 퀀트 투자를 전파하고 있는 훌륭한 분이라고 생각해. 승희가 말한 대로 퀀트 투자는 계량(규칙) 기반 투자야. 주관적인 판단은 배제하고 오로지 숫자를 기반으로 한 규칙으로 투자하는 방

법을 말해. 우리가 알고 있는 KODEX200이라는 ETF도 사실은 일종의 퀀트 투자야. 일정한 규칙을 따르고 있어. 무슨 규칙일까?

승희: 아, 시가총액 1등부터 200등까지의 기업을 자동으로 매수하라는 규칙이군요? 그렇다면 201위로 순위가 바뀐 기업은 배제하고 다시 200위 내로 들어온 기업을 매수하니 인간의 감정은 배제된 채 규칙에 의해서만 움직이는 ETF네요!

선생님: 맞아, 승희가 정확히 잘 설명해 주었어. 인간의 주관적 판단은 개입하지 않고 오로지 시가총액이라는 숫자만 가지고 판단하여 매수매도하는 거지. 다른 예를 들면 'PER이 가장 낮은(음수 제외) 종목들 1위부터 20위까지 투자를 하겠다!'라고 논리를 만들면 그게 바로 퀀트 투자인 셈이지.

승희: 아, 생각보다 간단하네요. 그런데 개인이 일일이 PER이 가장 낮은 종목 20가지를 찾아서 추출하고 순위를 매기긴 힘들다는 생각이 들어요.

선생님: 맞아, 그래서 불과 몇 년 전만 하더라도 퀀트 투자는 코딩할 줄 알고 데이터를 다룰 줄 아는 사람들의 전유물이었어. 개인이 데이터를 수집해서 종목을 선정하고 백테스팅(Back Testing)까지 한다는 것은 매우 힘든 일이었거든. 하지만 현재에는 한국에도 다양한 퀀

트 투자의 툴이 나와 있어서 지금은 개인도 쉽게 퀀트 투자를 할 수 있어. 물론 비용이 들기는 해.

승희: 그쵸? 그런데 선생님 백테스팅이 뭔가요? 그리고 퀀트 투자 툴은 어떤 것들이 있어요?

선생님: 응, 백테스팅이란 개념은 사실 퀀트 투자를 하는 가장 중요한 이유야. 내가 만든 전략이 과연 주식시장에서 통하는 전략인지 검증해 보는 방법이거든. 예를 들어 위에서 말했듯이 PER이 가장 낮은 20개 종목에만 투자하는 전략을 내가 만들었다면, 과연 이대로 과거 20년을 투자했을 때 어떠한 결과를 냈는지 검증해 보는 과정이야. 만약 검증을 해봤더니 과거 20년 동안 지수를 웃도는 수익률을 올린 것이 증명된다면 미래에도 그 전략은 유효할 가능성이 있다고 판단하는 셈이지. 그래서 이 전략을 실제 투자에 적용할지 말지 결정하는 매우 중요한 근거가 되는 셈이야.

그리고 퀀트 투자의 도구로 나온 프로그램은 퀀트킹, 젠포트 등이 있어. 이 중에 퀀트킹은 중장기투자를 하는 사람들에게 유용한 프로그램이고, 젠포트는 단기투자에 유리하도록 만든 프로그램이야. 선생님은 중장기 투자자이므로 퀀트킹을 활용하여 퀀트 투자를 진행하고 있어.

승희: 그렇군요. 백테스팅이란 게 정말 신기하네요. 그것을 통해 전략

의 유효성을 검증하는 방법도요. 그런데 선생님, 퀀트 투자를 통해 20개 종목을 추출한 후에 그중에서도 내가 판단하기에 정말 좋은 종목들로만 다시 선정하면 수익률을 더 높일 수 있지 않을까요?

선생님: 응. 보통은 그렇게 생각해서 다시 개인의 주관을 개입하는 과정을 거치는 사람들도 있어. 그런데 여러 사람이 해봤더니 자신의 주관으로 좋은 기업만 선정했는데도 오히려 초과수익은 자신이 제외한 종목에서 발생하는 경우가 많더라는 거야. 그래서 나중에 비교했더니 자신이 심혈을 기울여 선택한 종목들로 추렸을 때의 초과수익이 제외한 종목군을 포함했을 때보다 오히려 떨어진다는 거지. 그래서 퀀트 투자를 했다면 주관을 배제한 채로 계량적 수치에 의존하여 투자하는 것이 맞다는 결론에 이르렀어.(물론 이것도 100%라는 말은 할 수 없어. 자신이 연구해봐야 알 수 있지.)

승희: 아하. 주관을 개입하지 않아야 하니까 어떻게 보면 속이 편할 수 있지만 또 한편으로 불안할 수도 있겠네요. 그럼 퀀트 투자의 장단점으로는 어떠한 것들이 있을까요?

선생님: 응, 그건 아래 표로 정리해 보도록 할게!

퀀트 투자의 장점

1. 매수와 매도시기가 정해져 있으므로 마켓타이밍을 고민할 필요가 없다.
   (예시. 매수 및 매도시기 3, 6, 9, 12월 말)

2. 종목 선정에 대해 많은 시간을 할애할 필요가 없다.
   (퀀트 프로그램이 내가 설계한 규칙에 맞게 종목 선정을 함)

3. 기업의 실적을 체크하거나 기업실적 보고서 등을 읽는 데 시간을 많이 할
   애할 필요가 없다.
   (계량 기반 투자이므로 오로지 프로그램만 활용함)

4. 백테스팅이란 기능이 있어 내가 만든 전략의 유효성을 검증해 볼 수 있다.
   (처음 요리를 만들 때도 레시피만 있으면 누구나 괜찮은 요리를 만들 수 있듯
   이 실제 투자에 적용이 괜찮다고 검증한 전략이 있다면 실제로 꽤 좋은 성과
   를 낼 수 있다.)

5. 직장인이 자신의 본업과 병행할 수 있는 투자 전략이다. 종목에 대해서 예
   약매수 매도 기능이 있어 본업의 지장을 받지 않고 투자와 병행할 수 있다.

6. 투자를 망치는 인간의 심리적 편향을 제거할 수 있다.
   (인간의 두뇌는 투자하면 망하도록 최적화되어 있으므로, 퀀트 투자를 하게
   되면 이러한 편향을 대부분 제거할 수 있다.)

7. 명확한 전략을 가지고 하는 투자이기 때문에 일관성 있는 투자 원칙을 유
   지할 수 있다.

퀀트 투자의 단점

1. 일단 지루하다. 리밸런싱 기간이 짧게는 3개월 혹은 6개월이므로, 이 기간에 한 번씩만 종목을 매수, 매도하기 때문에 기다리는 시간 동안 지루하고 불안하게 느껴질 수 있다.

2. 승률 60%짜리 전략이라면 지수를 하회하는 기간이 10번중에 4번이 존재하는 셈이다. 이 기간 동안 퀀트 투자에 대한 확신이 없다면 전략을 지속하지 못할 가능성이 높다.

3. 시간을 적게 들이는 효율적인 투자인 반면 각종 거시경제나 기업을 공부하는 것에 대해 게을러질 수 있다.

4. 퀀트 투자 프로그램이 유료다. (일 년 30만 원 내외, 퀀트킹 기준).

승희: 정말 좋은 투자 방법이기는 하나 재미가 없을 수 있다는 단점이 있군요. 하지만 귀찮은 투자자에게는 매우 유용한 투자 방법이네요! 그러면 선생님은 어떤 퀀트 전략을 운용하시나요?

선생님: 응. 선생님은 가치, 성장, 수익성 등의 팩터를 활용하여 3가지 정도의 퀀트 전략을 운용하고 있고 현재까지 성적은 괜찮은 편이야.

승희: 그러면 어떤 퀀트 투자 전략을 써야 투자에 성공할 수 있을까요?

선생님: 응. 그러면 투자 대가들의 전략 중에서 퀀트로 계량화할 수 있는 것들을 다음 표에 정리해 볼게! 이러한 대가들의 전략을 퀀트로 구현한다면 멋진 전략을 만들 수 있을 거야!

투자 대가들의 퀀트 전략

1. 윌리엄 오닐의 'CAN SLIM' 전략

이 전략은 3년간 흑자인 기업 중 최근 분기/연간 순이익이 지난해 같은 기간보다 25% 이상 증가했으며 기관 순매수와 ROE(자본 대비수익률)가 좋고 최근 1년 주가 상승률이 낮은 종목 20개를 선정하여 최대 20일 보유를 목표로 한다.

2. 조엘 그린블라트의 마법 공식 전략

핵심은 자본수익률(ROE)이 높은 기업을 저렴할 때 사는 전략이다. PER이 낮고 ROE가 높은 20개 종목을 매수하고 3개월마다 리밸런싱(매수매도)을 한다. 최근 나온 신마법 공식은 GP/A(매출총이익/자산)가 높고 PBR이 낮은 상위 20개 종목을 매수하여 3개월마다 리밸런싱하는 것이다.

3. 조셉 피오트로스키 F-SCORE 전략

조셉 피오트로스키는 스탠퍼드 경제학과 교수이다. 수익성(당기순이익, 영업현금흐름, ROA, 순이익보다 높은 현금흐름), 재무 건전성(부채비율, 유동비율, 신규주식발행 여부), 효율성(매출총이익률, 자산회전률) 등 총 9개의 지표로 순위를 매긴 후 상위 20개 종목에 투자하는 전략이다.

4. 벤저민 그레이엄의 NCAV 전략

벤저민 그레이엄은 워런 버핏의 스승이라 불리는 전설적인 투자자이다. NCAV 전략은 청산가치(유동자산−부채)가 시가총액보다 높은 주식을 매입하는 전략이다. 안전마진(기업의 수익력)이 확보되었음에도 저평가된 기업을 매수하는 전략이다. 전략이 공개된 지 100년이 지났지만, 현재까지도 시장을 초과하는 수익률이 백테스트를 통해 검증되었다.

마젤란 펀드를 운용한 전설적인 펀드매니저 피터 린치의 전략이다. 피터 린치는 PEG라는 지표를 개발하였다. 피터 린치는 '빠른 속도로 성장하지만, PER이 비싼 기업을 매수할 수 있는가?'를 고민하다가 PEG(PER/EPS증가율)라는 지표를 개발하였다. 이를 통해 PER이 높더라도 성장률이 높은 기업을 매수할 수 있는 정량적 지표가 만들어진 셈이다. PEG가 0.5 이하라면 매수해 볼 만하고 부채비율은 100% 이하로 잡아 상위 20개 종목을 매수하는 전략이다.

승희: 와, 전략이 이렇게나 다양하네요. 공부할 게 아주 많겠어요. 갑자기 퀀트 투자란 것이 부담으로 다가오는데요!?

선생님: 맞아, 전략은 정말 다양해. 사용할 수 있는 지표(퀀트 투자에서는 이를 '팩터'라고 해)들도 워낙 많아서 경우의 수를 조합하면 수백만 가지도 넘는 전략들을 만들어 낼 수 있어. 그래서 많은 사람이 퀀트 투자를 한다고 하더라도 각각의 전략으로 투자하기 때문에 같은 전략이 겹쳐 초과수익이 쉽게 줄어들진 않아. 팩터들에 대해서도 너무 부담을 가질 필요는 없어. 강환국 님이 쓴 《퀀트 투자 무작정 따라하기》를 읽어본다면 쉽게 퀀트 투자를 시작할 수 있을 거야. 그리고 퀀트 프로그램은 저런 대가들의 투자 기법을 구체적으로 검증해 볼 수 있고 종목을 쉽게 추출하기 위해 꼭 필요해.

승희: 그렇군요. 책 소개해 주셔서 감사해요. 선생님 그러면 퀀트 프로그램도 잠시 소개해 주실 수 있나요? 어떤 식으로 운영되는지 궁금해요!

선생님: 그래, 그러면 '퀀트킹'이라는 프로그램을 소개해 줄게. 아래 화면이 퀀트킹 화면이야. 좀 복잡해 보이지만 사실 가장 중요한 메뉴는 상단에 위치한 '백테스트'라고 할 수 있어. 나만의 매매전략을 개발한 후에 과거의 수익률을 검증해 볼 수 있거든. 쉽게 말하면 레시피를 개발해서 이게 맛있는지 맛이 없는지 검증해 보는 과정이야. 사실 퀀트 투자는 이 백테스트가 거의 전부라고 할 수 있을 정도로 중요해서 이 기능만 잘 쓰면 나머지 기능은 몰라도 괜찮을 정도야.

(해당 프로그램은 네이버 '퀀트킹' 카페에서 다운로드 받고 사용요금을 결제한 뒤 사용가능할 수 있습니다. 책 후반에 일주일 체험쿠폰과 사용방법을 첨부합니다.)

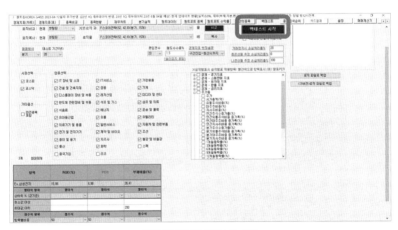

그림 65 퀀트킹 백테스트 화면

지금 화면에 보이는 것은 선생님이 만든 전략이 아니라 퀀트킹 프로그램에서 기본적으로 제공하는 전략 중 하나야. PER이 낮으면서

ROE는 높은 기업 20개를 선정해서 분기(3개월)마다 종목을 바꿔주는 전략이지. 업종도 선택할 수 있고 매매방식도 월간, 분기, 반기, 연간으로 다양하게 선택이 가능해. 그럼 백테스트를 한번 눌러볼까? 과거 20년 동안 이러한 방식으로 투자했다면 어느 정도의 성과가 났는지 검증해 보는 거야!

승희: 백테스트하는 데는 얼마나 걸리나요? 자료가 엄청나게 방대해서 오래 걸릴 것 같은데….

선생님: 퀀트킹 프로그램은 시중에 나와 있는 퀀트 프로그램 중 가장 빠른 백테스트 속도를 자랑해. 불과 몇 초만 기다리면 과거 20년 동안의 데이터를 검색해서 백테스트 결과를 만들어줘. 한번 볼까?

항목	결과값
운용기간	20 년
편입종목	20 개
매도수수료% (슬리피지포함)	1.5
누적수익률(원금 100)	2913.3
연평균수익률	18.4
MDD	55.5
거래 개월수	240
상승 개월수	139
승률% (상승개월수/거래개월수)	57.9
전체 거래종목수	675
거래정지 종목수	4
월평균수익률 (단리적용)	1.7
월간변동성 (표준편차)	8
(좋은)상폐 갯수	2
(나쁜)상폐 갯수	0

그림 66 퀀트킹의 백테스트 결과

선생님: 위의 전략대로 과거 20년간 운용했을 때의 결과를 보여주고 있어. 연평균 수익률 18.4%, MDD는 55.5%야.

승희: 연평균 수익률은 복리 수익률을 말하는 거죠? MDD는 뭔가요?

선생님: 복리 수익률을 말하는 게 맞아. 18.4%는 대단한 숫자지. 워런 버핏의 장기간 연평균 복리 수익률이 20% 전후라 하니까 18.4%는 훌륭한 수익률이야. 벤저민 그레이엄도 연평균 17% 전후의 수익률이었거든. 그런데 이러한 결과를 얻기 위해서는 주식시장이 하락하는 시기를 잘 견뎌내야 해. 그것을 보여주는 수치가 바로 MDD인데 Maximum Draw Down의 약자로 최대 하락 폭을 뜻해. 과거 20년 동안 투자금이 최대 55% 손실을 보는 구간이 있었다는 거지. 말이 −55%지… 실제로 저런 기간을 겪는다면 투자자 대다수는 투자를 포기할 거야. 그래서 다양한 로직을 통해 MDD를 줄여보도록 노력해야 해. 하지만 주식 비중 100%만으로는 쉽지 않아. 그래서 자산 배분을 하는 거지.

승희: 그렇군요. MDD를 보니 정말 무서운 시기가 있었네요. 그래도 그러한 시기를 잘 버텨낸다면 연복리 수익률 18.4%의 성과를 올릴 수 있었다는 거군요! 그런데 승률은 무슨 의미인가요?

선생님: 위에서 승률은 57.9%로 나오지? 약 60%라고 한다면 10개

월 중에서 6개월은 수익이 났고 4개월은 손실이 났다는 뜻이야. 이 처럼 아무리 좋은 전략이라 하더라도 100% 승률인 전략은 존재하지 않아. 그래서 손실이 나더라도 꾸준히 전략을 지속하는 게 중요해. 하지만 퀀트에도 과최적화라는 오류가 있을 수 있으므로 전략의 승률을 따져서 자신이 전략을 계속해서 지속할지는 판단해 봐야 해.

승희: 그렇군요. 그런데 과최적화의 오류는 무엇인가요?

선생님: 사실 좀 어려운 개념이긴 해. 과최적화란 우연히 폭등하고 주가가 많이 오른 주식들만 포착되어 수익률이 부풀려진 경우를 말해. 조금 어렵지? 실제로 전략을 운용했을 때 백테스트 결과와 다른 수익률 행보를 보인다면 백테스팅이 과최적화됐을 확률도 있어. 그래서 내가 만든 로직의 수익률이 너무 높게 나왔을 경우 과최적화를 의심해 봐야 해. 이건 퀀트 투자를 하게 될 때 차차 공부해도 돼.

승희: 어렴풋이 알 것 같긴 한데, 역시 퀀트의 세계도 깊숙이 들어가면 쉽지 않겠네요. 여하튼 저희는 퀀트킹 프로그램에서 선정한 종목으로 매수를 진행하면 된다는 것이죠?

선생님: 맞아, 승희야. 그리고 이러한 로직으로 오늘의 종목을 결과표에서 바로 확인해 볼 수 있어. 오늘의 종목을 클릭하면 오늘 이러한 로직으로 추출한 종목을 바로 보여줘. 20개 종목으로 설정하였

기 때문에 20개 종목을 보여줘. 비중은 한 종목당 투자금의 5%의 비율로 매수하면 돼. 즉 1,000만 원이 투자금이라면 한 종목당 50만 원씩 매수하면 되는 셈이지.

보유종목	코드번호	종목명	주가	업종(소)	순위	거래대금 (5일평균, 억)
종목보기	106240	파인테크닉스	2,785	스마트폰 부품	1	11.14
종목보기	035080	그래디언트	15,420	지주사	2	8.55
종목보기	039560	다산네트윅스	3,800	통신장비	3	3.13
종목보기	205470	휴마시스	4,360	의료기기	3	215.48
종목보기	151860	KG ETS	19,460	환경서비스	5	264.45
종목보기	011200	HMM	20,300	해상운송	6	274.55
종목보기	004870	티웨이홀딩스	627	지주사	7	2.16
종목보기	140520	대창스틸	2,845	강판	8	1.21
종목보기	124560	태웅로직스	4,480	해상운송	9	9.06
종목보기	000950	전방	40,100	섬유	10	0.92
종목보기	001390	KG케미칼	47,100	비료 및 농약	11	685.13
종목보기	004720	잠젠사이언스	6,610	제약	11	6.69
종목보기	244920	에이플러스에셋	4,830	손해보험	13	2.90
종목보기	104480	티케이케미칼	2,790	섬유	14	15.79
종목보기	016380	KG스틸	10,890	강판	15	441.52
종목보기	137310	에스디바이오센서	21,900	의료용품	16	72.52
종목보기	094970	제이엠티	4,200	디스플레이 부품	17	10.63
종목보기	005010	휴스틸	6,870	강판	18	68.18
종목보기	234300	에스트래픽	4,550	소프트웨어	19	44.72
종목보기	290120	대유에이피	5,600	기타 자동차부품	20	1.55

그림 67 퀀트킹으로 선정한 종목

승희: 와, 이렇게 20종목을 그대로 추출해 주니 너무 편한데요?! 투자자 입장에서는 종목 선정에 대해 크게 고민할 필요가 없겠어요. 그럼 선생님은 20개 기업을 조사하지 않고 바로 매수하는 편이신가요?

선생님: 응. 퀀트 투자는 투자자의 주관적 판단이 개입되면 안 되기 때문에 이대로 나온 종목을 거의 그대로 매수한다고 보면 돼. 매우 심플하지?

승희: 네, 선생님이 "시간적 가성비가 매우 뛰어나다"라고 말씀하신 이유를 알겠어요. 내가 로직만 잘 만들어 두면 시간적으로 투자에 소비하는 시간이 별로 없어서 본업에 집중하면서도 투자활동을 지속할 수 있는 것이군요!

선생님: 맞아. 승희가 정확히 캐치했어. 그게 바로 퀀트 투자의 가장 큰 장점이야. 게다가 백테스팅을 통해 해당 전략의 유효성을 검증해 볼 수 있어서, 감으로 투자하는 것에 비해 시장수익률을 초과할 확률이 꽤 높다고 생각돼. 방금 백테스트 결과물에서 초과수익률표를 한번 볼까?

(초과성과란 코스피 지수와 비교하여 상대적으로 초과이익을 얼마나 얻었는가를 나타낸다. 예를 들어 어떤 해에 포트폴리오의 수익률이 20%고 코스피 지수의 수익률이 15%라면 초과성과는 20% – 15% = 5%p이다.)

초과성과	연간수익률	1월	2월	3월	4월	5월	6월	7월	8월	9월	10월	11월	12월
2003년	-8.1				5.8	-0.8	0.8	-1.3	-1.9	-1	-5.2	3.8	-5.3
2004년	12.2	-12.3	-1.3	-2.5	7	-1.9	0.2	7.8	-4	4.7	5.1	2	6.5
2005년	53.9	17.2	24.4	-3.4	1.8	-5.8	4.5	1.1	0.7	7.2	8.1	-5.6	-13.3
2006년	25.3	5.9	-0.8	2.4	6.2	2.3	2.1	-5.3	-0.3	0.4	2.6	4.2	3
2007년	25.2	0.8	1.3	8.5	9.8	7.1	0	10.3	-1	-4.3	-4.6	-3.1	-3.4
2008년	-1	4.5	5.6	-5.6	1	5.2	4.6	-4	-2.9	-6.6	-6	1.5	4.4
2009년	12.5	13.9	-1.3	3.9	5.9	8.6	-4.8	-3.3	-2.7	-6.7	1.3	-3	-1.2
2010년	8.1	1.4	0.9	2.9	7.3	-0.4	-2.6	4.7	-1	-1.9	8.6	-7.7	-4.7
2011년	30.3	5.6	-2.2	3.8	-1.5	-3.7	8.6	9.8	-2	-5.1	5.7	5.7	7.7
2012년	-9.4	0.3	4.6	-7.4	-4	6.1	-1.6	-4	6.3	-2.5	3.6	-10.4	1.1
2013년	22.5	7.8	9.4	6.1	6	0.8	-2.6	5.8	-6	-2.2	2.3	-2.6	-2.9
2014년	5.4	2.9	4.1	6.2	7.2	-8.3	-5.1	-3.3	0	1.3	3.5	-4	1.6
2015년	52.8	8	9.3	13	8.8	-0.7	0.2	3.4	2.8	5.6	-2.4	-4.6	3.1
2016년	12.7	-1.5	1.5	1.9	9.2	-0.5	-2.7	5.4	-5.3	5.6	-2.2	-0.7	2.1
2017년	-20.9	-3.9	-0.4	-4.8	2.9	-1.2	-3.1	-2.6	-2.1	-6.9	-3.4	5.2	-6.5
2018년	5.9	2.8	0.1	-5.2	7.2	15.5	-0.8	-5.1	0.7	-2.2	-1.3	3.1	-5.8
2019년	1	1.4	2.9	-1.2	2	3.8	-2.2	-3	1.3	1.1	1.7	-4.2	-2.6
2020년	-7.9	0.6	-4.1	-4.8	13.8	-1.1	-3.8	3.1	-2.6	-1.2	3.9	-6.7	-1
2021년	49	-0.4	0.4	8.7	9.5	8.5	-1.3	5.8	0.8	-1.9	10.5	-1.3	1.5
2022년	-13.1	-2.8	3.3	2.5	-6.3	0.3	-4.8	5	-3.2	-8.1	2.5	-4.2	0.2
2023년	5.6	0.8	-0.6	5.1									
월평균수익률	12.1	2.7	2.9	1.5	5	1.7	-0.7	1.5	-1.1	-1.2	1.7	-1.7	-0.8

그림 68 퀀트킹으로 확인한 초과성과표

선생님: 연간으로 볼 때 매년 초과수익을 내는 것은 아니지만 20년 간 14번은 시장을 이겼고 6번은 시장에게 진 것을 볼 수 있어. 이처럼 승률 100%짜리 투자 전략은 존재하지 않기 때문에 손실을 보는 구간에도 꾸준히 전략을 지속하는 게 중요해. 그렇다면 결과가 보여주듯 초과수익을 만들어 낼 수 있거든.

승희: 그렇군요. 월별로 본다면 시장을 밑도는 경우가 더 많아 보이네요. 빨간색들이…. 결국 해당 전략에 대해 충분히 잘 이해하고 인내심 있는 투자를 지속하는 것이 중요하다는 사실을 알겠어요!

선생님: 내가 어떤 로직을 갖고 전략을 만드냐에 따라 승률이나 수익률 모두 달라질 수 있어. 그 외에도 퀀트를 통해 알아낸 사실은 여러 가지가 있는데, 재미난 사실들이 꽤 많아. 우선 계절성 효과라는 게 있어. 주식시장은 '11월부터 4월까지의 수익률이 5월에서 10월 사이의 수익률보다 월등히 높다'라는 것이 통계상 확인이 되고 있지. 왜 그런지는 알 수 없지만 통계적으로 유의미하게 이러한 일이 반복되고 있어.
그리고 초과수익은 대형주보다는 소형주에서 시장을 초과하는 수익이 나와. 특히 한국 시장에서는 소형주 효과가 매우 두드러진다고 할 수 있어. 또 PER이나 PBR이 높은 주식보다는 낮은 주식에서 시장을 초과하는 수익률이 나와. 보통 PER이나 PBR이 높은 종목들은 일명 시장에서 핫하고 미래가 장밋빛으로 전망되는 유망한 종목들

인데, 그런 종목들을 가지고 백테스팅을 해보니 수익률이 형편없었던 거지. 퀀트의 백테스트 기능은 정말 유용한 기능이고 장기적으로 시장에서 초과수익률을 달성하기 위해서는 어떻게 투자해야 하는지 우리에게 알려주고 있어.

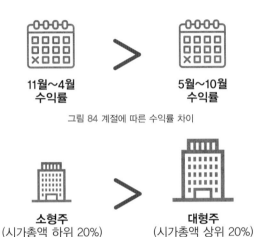

그림 84 계절에 따른 수익률 차이

그림 69 시가총액에 따른 수익률 차이

승희: 우와…. 꼭 공부해 봐야 하는 게 퀀트 투자네요. 좋은 방법을 소개해 주셔서 감사해요!

선생님: 그래, 퀀트는 투자를 망치는 심리적 편향을 제거하기에도 매우 좋은 방법이라 추천하는 바야.

인간은 본능적으로 위험을 회피하고 탐욕스러운 상황에 욕심을 부리는 본성을 지니고 있습니다. 이것은 어쩌면 생물학적으로 인간의 DNA 속에 잠재되어 있거나 삶의 적응 과정에서 생기게 된 적응 기재라고 볼 수도 있습니다. 험난한 세상을 살아가는 데 있어서는 꼭 필요한 기재이지만 주식시장에서는 이와는 반대로 해야 돈을 벌 수 있으므로 인간의 본능이 별로 도움이 되지 않을 때가 많습니다.

주식투자가 어려운 이유가 바로 본능과 반대로 해야하기 때문에 그렇습니다.

먼저 첫 번째 편향은 손실 회피 편향입니다.

우리는 1억 원을 버는 기쁨보다 1억 원을 잃는 슬픔이 2.5~3배 정도 강합니다. 그래서 손실이 오는 상황에서 손실을 확정 짓는 행위를 매우 고통스러워합니다. 돈을 잃을뿐더러 나름 자신의 감과 정보를 믿고 확신을 갖는 종목이었을 테니까요. 분하기도 하고 자신이 틀렸다는 것을 인정하기 싫습니다. 내가 산 주식이 본전에 올 때까지는 팔지 않겠다는 마음으로 일명 '존버'할 때도 있습니다. 기업이 저평가 돼 있다며 계속해서 자기를 위로하고 세뇌하며 주가가 오를 때까지 기다립니다.

때로 본전을 찾는 일도 있지만 상당수는 하락한 주가에서 상당 기간 횡보하거나 같은 기간 다른 수익을 낼 수 있는 기회비용을 날리게 됩니다.

두 번째는 '처분 효과'입니다. 이는 손실 회피 편향의 형제라고 할 수 있겠네요. 손실을 확정하는 것이 너무 고통스럽기 때문에 매수한 자산이 조금이라도 오르면 빨리 매도해 수익을 확정하려는 경향입니다. 이는 마치 손님이 몰려들어 매출이 본격적으로 오르는 시점에 가게 문을 닫아버리는 행위라고 할 수 있겠네요. 추세 추종 매매기법에서는 이러한 행위에 대해 계속해서 주의를 주고 있습니다.

세 번째는 과잉 확신 편향입니다. 나 자신을 너무 믿는 현상입니다. 이 편향에 빠지면 내가 심혈을 기울여 선택한 주식이 올라가야 하는 것은 당연한 일이 됩니다. 따라서 스스로를 워런 버핏 수준으로 생각하고 분산투자를 할 필요를 느끼지 않습니다. 실제로 한국 투자자의 상당수는 1~3개 종목에 집중투자합니다. 주식시장에서는 내가 아무리 기업을 잘 분석했다 하더라도 횡령, 배임 등의 예상치 못한 일로 주가가 박살이 나는 경우가 종종 있으므로 소수의 종목에 몰빵투자 하는 것은 절대 피해야 하는 일입니다. 주식시장은 여러 번 성공하더라도 단 한번의 큰 실패로 퇴출당할 수 있는 곳이니까요.

네 번째는 확증 편향입니다. 사람은 자신이 확신을 가진 기업에 대해서 해당 기업의 주가가 오를만한 정보만 받아들이고 나머지 정보는 무시하거나 일부러 회피하는 편향이 있습니다. 이미 콩깍지가 씌어버린 사람에게는 어떠한 말을 해도 소용이 없습니다. 내가 보고 싶은 것만 보려는 사람에게는 어떠한 조언도 소용이 없더군요. 이는 객관적인 사실 판단에 전혀 도움이 되지 않으며 투자에서 빨리 망할 가능성이 높습니다.

이러한 편향에서 벗어나는 방법은 반드시 투자하기 전 자신만의 원칙을 정하는 일입니다. 자신의 감이나 느낌에 의존한 투자는 위와 같은 심리적 편향에 휩쓸리기 쉽습니다. 퀀트 투자는 정해진 원칙에 따라 매수하고 매도하기 때문에 심리적 편향을 벗어나는 매우 좋은 투자 방법입니다.

출처: 《하면 된다! 퀀트투자》(강환국)

정리 및 제언

1. 퀀트 투자는 숫자를 기반으로 하는 계량적 투자, 즉 규칙 기반 투자이다.

2. 레시피대로 음식을 만들면 꽤 괜찮은 음식을 만들 수 있는 것처럼 백테 스트를 통하여 전략의 유효성을 어느 정도 검증할 수 있으므로 누구든지 프로그램을 활용하여 꽤 괜찮은 수익을 올릴 수 있다.

3. 단점으로는 퀀트 투자에 대해 잘 이해하지 못하면 지수를 밑도는 구간을 견디지 못해 포기하거나 3~6개월간 매매를 하지 않는 지루함을 참지 못 해 포기할 수 있다.

4. 퀀트 투자는 심리적 편향을 제거할 수 있는 좋은 방법이다.

5. 적은 금액으로라도 2~3년간 퀀트 투자를 운용해 보고 확신을 가진 후에 본격적인 투자에 임하는 것을 추천한다.

6. 퀀트 투자 프로그램은 퀀트킹, 퀀터스, 젠포트가 대표적이다. 그중에서 커뮤니티가 활발하고 자산배분에 보정ETF 서비스가 한국 최초로 반영 된 '퀀트킹'을 추천한다.

7. 퀀트 투자에 대한 강환국 님의 여러 가지 서적을 읽어보는 것을 추천한다.

8. 해당 챕터를 읽은 소감을 정리해 보자.

....

....

....

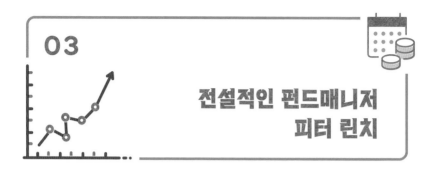

03

**전설적인 펀드매니저
피터 린치**

승희: 선생님, 오늘 소개해 주실 투자의 대가는 누구인가요?

선생님: 이번에는 피터 린치라는 분을 소개시켜 줄게. 이분은 주식투자를 하는 사람이라면 모르는 사람이 없을 정도로 유명한 분이야. 미국 월가의 전설적인 펀드매니저이고 이분의 위상은 워런 버핏, 존 보글, 벤저민 그레이엄, 필립 피셔와 어깨를 나란히 할 정도로 대단하다고 할 수 있어.

승희: 와, 그 정도로 유명한 분이군요. 펀드매니저면 펀드를 운용했겠네요. 실적이 어땠나요?

선생님: 피터 린치는 1977년부터 1990년까지 마젤란 펀드를 운용했는데 연평균 복리 수익률이 무려 29.2%라는 엄청난 수익을 기록했

어. 마젤란 펀드는 1,800만 달러에서 무려 140억 달러로 높아지면서 660배나 성장해서 세계 최고의 펀드로 우뚝 섰어.

승희: 와, 13년간 660배의 수익이라니. 상상이 안 가요. 피터 린치를 믿고 마젤란 펀드에 투자한 사람들은 엄청난 수익을 올렸겠네요.

선생님: 그런데 재미난 통계가 있어. 마젤란 펀드에 투자한 투자자의 절반 이상이 오히려 돈을 잃었대.

승희: 13년간 660배가 상승했는데 왜 돈을 잃었을까요?

선생님: 그건 투자자들의 대다수가 마젤란 펀드의 수익률이 높아지면 매수하고 낮아지면 매도하는 행위를 반복했기 때문이야. 그냥 가만히 가지고만 있었어도 큰 이익을 얻을 수 있었는데 말이야.

승희: 아, 이것도 신기한 현상이네요. 가만히 놔둬도 수익을 볼 수 있는데, 결국 투자자의 심리적 편향이 투자를 망친 것이네요.

선생님: 아까 말했던 심리적 편향에 대해 잘 이해했구나. 그래, 주식 시장에서 돈을 벌기란 의외로 간단한데 시장을 너무 예측하려 들면서 자신의 심리적 편향에 따라 점점 돈을 잃어가는 투자자가 상당히 많아.

승희: 피터 린치는 지금도 펀드매니저로 활동하고 있는 건가요?

선생님: 아니야, 린치는 큰 부와 명성을 얻었지만, 펀드매니저 생활이 힘들었던 것 같아. 보통 1400개 이상의 종목을 보유했고, 매일 새 종목을 발굴하기 위해 엄청난 보고서를 읽었으니 그럴만해. 결정적으로 2000가지도 넘는 종목 코드를 외웠지만 딸아이의 생일을 기억해 내지 못하는 것에 충격을 받고, 가족과 더 많은 시간을 보내고자 1990년 46세의 나이로 주식시장에서 은퇴했어.

승희: 사람은 욕심이 끝이 없다는데, 린치는 최정상의 시점에 가족의 품으로 돌아가는 길을 선택한 거네요. 이런 부분은 정말 존경스럽네요. 선생님, 그러면 린치는 어떤 방법으로 투자했는지 투자전략에 대해 소개해 주세요!

선생님: 그래, 피터 린치와 관련된 《전설로 떠나는 월가의 영웅》, 《피터 린치의 이기는 투자》 같은 책들을 읽어보면 린치의 투자관을 이해하는 데 큰 도움이 돼. 피터 린치의 투자 방법을 이야기해 보면 다음과 같아.
피터 린치는 투자자들에게 "잘 아는 것에 투자하라"고 말해. 자신이 이해할 수 있는 회사에 투자하라는 뜻이야. 일반인들이 반도체나 IT를 이해하기는 힘들지만, 음식료 관련한 일상생활에서 접하는 회사들은 충분히 잘 이해할 수 있거든. 이런 일상생활에서 느끼는 생활

정보를 투자에 활용하면 일반인들이 펀드매니저들보다 더 수익을 낼 수 있다고 말했어.

그림 70 피터 린치 저서

승희: 그러면 일상생활에서 기업활동이 활발한 기업을 발견하면 그냥 매수하면 되는 건가요?

선생님: 아 물론, 그런 건 아니야. 그 회사의 재무상태도 봐야 하고 주식이 너무 고평가되어 있지는 않은지도 확인해봐야 해. 피터 린치는 오히려 펀드매니저는 사무실에만 갇혀있기 때문에 좋은 종목을 발견하기 힘들다면서, 사무실이 아니라 길거리를 걷거나 마트에서 물건을 고르면서 투자 대상을 선별했다고 해. 그래서 우리가 잘 아는 기업인 타코벨이나 던킨도너츠로도 큰 수익을 올렸어! 린치는 예

를 들어, 직업이 의사라면 자신의 강점인 지식을 바탕으로 의료관련 주를 매수하지 않고 에너지 관련 기업에 투자하는 잘못을 범한다고 지적했어.

승희: 그렇군요. 내가 잘 아는 것에 투자해야 더 잘 분석하고 예측할 수 있겠네요.

선생님: 맞아, 린치도 사람인지라 이런 조언을 하면서도 자신이 몸담은 증권업계 주식인 '드레퓌스'에 투자하지 않은 것을 후회했어. 드레퓌스는 9년 동안 약 100배가 올랐거든. 린치는 주식을 살 때 자신의 투자 이유를 초등학생에게 설명할 수 있을 정도로 확실하고 간결하게 정리가 되어야 한다고 말해. 스스로 투자 이유에 대하여 정리되지 않은 투자자는 이후 투자를 지속하지 못할 확률이 높거든. 기업에 대해 알지도 못한 채 많은 투자자는 버스에서 들은 귀동냥 혹은 인터넷의 찌라시 기사에 전 재산을 투자하곤 해. 대부분은 투자 실패로 이어지는 법이지.

승희: 그렇군요. 피터 린치는 일상생활 속에서 투자 아이디어를 얻고 조사해 본 후에 괜찮은 기업 같다면 매수한다는 거죠?

선생님: 맞아. 그래서 피터 린치는 다음과 같은 명언도 남겼어.

**"당신이 약간의 신경만 쓰면 직장이나
동네 쇼핑상가 등에서 월스트리트 전문가들보다
훨씬 앞서 굉장한 종목들을 골라 가질 수 있다."**
-피터 린치-

승희: 오, 왠지 저런 말을 들으니 자신감이 생기는데요! 저도 주위를
잘 둘러봐야겠어요.

선생님: 맞아, 그리고 피터 린치는 PEG라는 개념을 제시했어.

승희: PEG가 뭔가요?

선생님: 응, PEG는 PER 값을 연평균 순이익 성장률로 나눈 값이야.
예를 들어 A라는 기업의 PER이 10인데 연평균 순이익 성장률이
10%면 PEG는 1이 되는 거야. B라는 기업의 PER이 30인데 연평균
순이익 성장률이 60%면 0.5가 되는 거고. 피터 린치는 두 기업 중
어떤 기업에 투자했을까?

	PER	연평균 성장률	PEG
A 기업	10	10%	1
B 기업	30	60%	0.5

☆ PEG는 낮을수록 좋은 수치다.
☆ 피터 린치는 PEG가 0.5 부근에서 매수, 1.5 부근에서 매도하라고 하였다.

표 9 피터 린치의 PEG 적용 예시

승희: 아, 혹시 B라는 기업에 투자한 건가요? 피터 린치가 이 지표를 왜 개발했는지 알 것 같아요!

선생님: 왜 그런지 말해 볼 수 있겠니?

승희: 어, PER로만 보면 A 기업이 저렴해서 가치 투자자 입장에서는 저렴한 A 기업에 눈길이 갈 것 같아요. 성장성으로만 보면 B 기업이 훨씬 뛰어나지만, PER로 보면 A 기업보다 높아서 매수를 망설이는 투자자에게 두 가지, 즉 성장성과 밸류를 동시에 판단할 수 있는 방법을 제시하려고 했던 것 같아요!

선생님: 역시, 승희 최고! 바로 그거야. PER이 낮은 기업에만 투자하다 보면 때로 테슬라나 아마존 같은 성장성이 뛰어난 기업을 놓칠 수 있거든. 그렇다고 PER을 안 볼 수는 없고. 그래서 린치는 이러한 개념을 고안한 것 같아. 성장률이 높다 하더라도 PER이 너무 고평가되어있다면 역시 PEG를 통하여 매수를 보류할 수 있지. 예를 들어 어떤 기업은 연평균 성장률이 80%로 고속 성장하는 기업이지만 PER이 400이라면 PEG는 5가 되기 때문에 린치의 매수 기준에는 적합하지 않거든. PEG는 성장률과 PER까지 모두 고려할 수 있는 좋은 지표라고 보여지는구나.

승희: 정말 피터 린치는 천재적이네요. 이러니까 전설적인 펀드매니저로 남았겠죠?

선생님: 맞아, 우리 앞서 퀀트 투자를 배웠으니 PEG 지표가 실제 한국시장에서 통하는지도 검증해볼 수 있어. 한번 해볼까?

승희: 와, 실제 검증이 가능하다니… 너무 궁금해요!

선생님: 그래, 한번 검증해 보자. 검증 기간은 20년으로 하였고 리밸런싱 기간은 3개월에 한 번씩 종목을 교체하고 20종목을 매수하는 식으로 가정하였어.

항목	분기PEG
Ex.삼성전자	0.03753
필터식 항목	필터식
상하위 % (값기준)	
최소값.이상	
최대값.이하	
점수식 항목	점수식
항목별비중	100
정렬방식	낮은순서(음수보정)

항목	결과값
운용기간	20 년
편입종목	20 개
매도수수료% (슬리피지포함)	1.33
누적수익률 (원금 100)	6476
연평균수익률	23.19
MDD	-60.3
거래 계월수	240
상승 계월수	142
승률% (상승계월수/거래계월수)	59.17
전체 거래종목수	1563
거래정지 종목수	3
월평균수익률 (단리적용)	2.1
월간변동성 (표준편차)	8.42
(좋은)상태 켯수	1
(나쁜)상태 켯수	0

그림 71 PEG 팩터의 백테스트 종합결과

승희: 와우, 20년간 연평균 수익률이 23%나 나오는군요. 해당 기간 코스피의 연평균 수익률이 8% 정도인 데 반해 지수를 월등히 뛰어넘는 전략이에요.

선생님: 그렇지? 피터 린치의 PEG 지표는 한국시장에서도 잘 통하는 지표였던 셈이야. 한국에서는 소형주 효과가 강하기 때문에 이를 시가총액

기준 하위 20%로 한정하면 어느 정도 수익률이 일어나는지 한번 보자.

항목	시가총액(억)	분기PEG		항목	결과값
				운용기간	20 년
				편입종목	20 개
Ex.삼성전자	4262424.74	0.03753		매도수수료%(슬리피지포함)	1.33
팩터식 항목	팩터식	팩터식		누적수익률(원금 100)	191076.63
상하위 % (값기준)	하위20%			연평균수익률	45.9
최소값.이상				MDD	-49.44
최대값.이하				거래 계좌수	240
				상승 계좌수	156
점수식 항목	점수식	점수식		승률%(상승계좌수/거래계좌수)	65
항목별비중		100		전체 거래종목수	1427
정렬방식	높은순서	낮은순서(음수보정)		거래정지 종목수	11
				월평균수익률 (단리적용)	3.64
				월간변동성 (표준편차)	9.73
				(좋은)상표 갯수	1
				(나쁜)상표 갯수	1

그림 72 PEG 팩터의 백테스트 종합결과(시가총액 하위 20%)

승희: 역시 한국에서는 소형주 효과가 대단하네요. 연평균 수익률이 45.9%로 많이 올라갔어요.

선생님: 맞아, 아직은 한국에서 소형주 효과는 살아있는 듯 해. 물론 과거 20년간의 결괏값이기 때문에 최근 3년에서 5년간에도 이러한 효과가 잘 살아있는지는 검증해 볼 필요가 있어.

승희: 이런 지표를 만들어 준 피터 린치에게 고마운 마음이 드네요. 앞으로 잘 활용할 수 있을 것 같아요!

선생님: 맞아, 그 외에도 투자자들의 뼈를 때리는 좋은 명언을 많이 남 겼어. 그런 명언들을 다음 표에 정리해 볼게. 꼭 한번 읽어보면 투자하는 데 도움이 될 거야. 명언을 끝으로 다음 투자의 대가로 넘어가 보자!

승희: 네!

피터 린치의 투자 명언

"하락장에서 당신이 불안한 이유는 쓰레기 같은 회사에 공부도 안 하고 당신이 평생 모은 돈을 몰빵했기 때문이다."

"부동산에서는 돈을 벌고 주식에서는 돈을 잃는 이유가 있다. 집을 선택하는 데는 몇 달을 투자하지만 주식 선정은 단 몇 분 만에 끝내버리기 때문이다."

"수익을 당연하게 여기는 생각은 주가가 큰 폭으로 하락하면 치유된다."

"투자의 성공 여부는 당신이 얼마나 오랫동안 세상의 비관론을 무시할 수 있는지에 달려 있다."

"청중 모두가 장기투자한다고 한다. 시장이 떨어지기 전까지는…."

"공부하지 않고 투자하는 것은 포커를 하면서 카드도 안 쳐다본 것과 다름없다."

"거시경제 전망에 14분을 썼다면 12분은 낭비한 셈이다."

"뛰어난 기업의 주식을 보유하고 있다면 시간은 당신 편이다."

"사람들은 버스에서 주워들은 정보로 반나절 만에 평생 모은 저축의 반을 몰빵하고 그다음 날 기관을 탓하며 돈을 잃는 것을 한탄한다."

"주식을 매수한 이유를 10살짜리에게 2분 이내로 설명하지 못한다면 보유하지 말아야 한다."

"주식시장은 확신을 요구하며, 확신이 없는 사람들은 반드시 희생된다."

"'좋았어. 다음에 주식시장이 하락하면 부정적인 뉴스 따위는 가볍게 무시하고, 값싼 주식을 쓸어 담을 거야' 이렇게 다짐하기는 쉽다. 하지만 새로 닥친 위기는 항상 이전 위기보다 심각해 보인다. 따라서 악재를 무시하는 것은 언제나 어렵다."

"주식시장에서 여러분이 정말로 알아야 하는 것은 언제나 두렵고 걱정되는 일들이 항상 일어난다는 사실입니다."

피터 린치가 말하는 투자하기 좋은 회사

01. 기업명이 따분해 보이거나 우습게 들리는 회사

02. 지루해 보이는 일을 하는 회사

03. 사양사업(미래전망이 좋지 않은 업종)에 속해 있는 회사

04. 유쾌하지 못한 사업을 하는 회사

05. 대기업에서 분리 독립한 자회사

06. 기관이 보유하고 있지 않고 평가하는 애널리스트가 없는 회사

07. 틈새시장에서 살아남은 회사

08. 사람들이 꾸준히 구매하는 물건을 만드는 회사

09. 회사의 내부자가 계속해서 자사주를 사들이는 회사

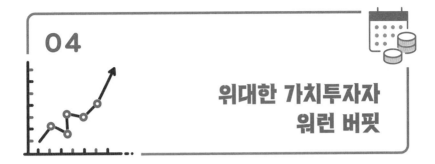

04
위대한 가치투자자 워런 버핏

승희: 선생님, 이번에 만나 볼 투자의 대가는 누구일까요?

선생님: 오늘은 드디어 투자의 끝판왕 '워런 버핏'이야.

승희: 와, 드디어 워런 버핏이군요. 사실 워런 버핏이 위대한 투자자라는 이야기는 많이 들었는데 어떤 식으로 투자했는지는 잘 몰라서 늘 궁금하긴 했어요.

선생님: 응, 워런 버핏은 투자 역사상 가장 뛰어난 투자가라고 불리는 인물이야. 주식을 모르는 사람도 워런 버핏이란 이름은 거의 다 알고 있을 정도야. 버핏은 현재 버크셔 해서웨이라는 보험사의 최대 주주이자 회장이야. 오마하라는 지역 출신이기에 '오마하의 현인'이라고 불리기도 해.

승희: 맞아요. 저도 들어본 것 같아요. 버핏은 얼마나 대단한 수익을 올렸길래 역사상 가장 뛰어난 투자자라고 불리는 걸까요?

선생님: 버핏은 1965년부터 2014년까지 연평균 약 21%의 수익을 올렸다고 해. 이를 누적하면 1,826,163%에 달해. 그야말로 복리의 종결자 같은 분이지. 이러한 복리 효과로 재산의 90% 이상은 50세 이후에 형성되었다고 해. 버핏은 인생에서 후회하는 점 하나는 주식 투자를 11살 때부터 시작한 것이라고 해. 만약 다시 태어날 수 있다면 5살이나 7살 때부터 시작하고 싶다고 하는 걸 보면 몇 년 일찍 시작하면 현재 자산의 몇 배가 불어나는 복리 효과를 염두하고 말씀하신 듯해.

승희: 수익률이 어마어마하네요. 연평균으로는 21%지만 장기적으로 누적되니 엄청난 수익률이 되는군요.

선생님: 맞아, 연평균 수익률로 보면 피터 린치가 29%로 버핏보다 높지만, 투자 기간은 버핏이 훨씬 길기 때문에 장기 누적 수익으로는 버핏을 따라올 투자자가 없지. 그래서 부자가 되는 또 하나의 방법은 오래 사는 거야. 복리의 효과를 제대로 느낄 수 있지.

승희: 선생님, 버핏의 일생과 투자관이 궁금해요.

선생님: 그래, 버핏은 어렸을 때부터 범상치 않은 사람이었던 것 같아. 특히 돈을 버는 분야에서는 타고난 열정과 자질을 갖추고 있었지. 버핏은 어릴 때부터 숫자와 규칙 찾기 놀이를 좋아했고 1936년 6살밖에 안 된 나이에 콜라 6병을 25센트에 사서 호숫가에서 1병당 30센트에 팔아 병당 5센트의 이익을 남겼대.

승희: 6살 나이에 장사를 하다니⋯. 역시 크게 될 인물은 떡잎부터가 달랐던 모양이네요.

선생님: 맞아, 정말 남달랐지. 그리고 11살 때는 주식투자를 처음 시작해서 시티즈 서비스란 주식에 투자해서 5달러의 이익을 남겼대. 버핏은 14세에 처음으로 소득세 신고를 했고 17살 때는 핀볼 머신 대여 사업을 시작했대. 그래서 10대 후반에 이미 자신의 학교 교사들보다 많은 월수입을 기록했대. 나중에는 뉴욕 컬럼비아 대학, 대학원에 진학했어. 가장 큰 이유는 벤저민 그레이엄의 가르침을 받기 위해서였대. 그리고 지금도 자신의 투자는 "15%는 필립 피셔에게, 85%는 벤저민 그레이엄에게서 나온다"라고 말할 정도로 워런 버핏의 투자 철학에 지대한 영향을 주었어. 그리고 주식투자 서적 중에서도 벤저민 그레이엄과 필립 피셔의 서적을 능가하는 책이 없다고 말할 정도로 그분들을 존경하기도 해. 그리고 35살에 이미 백만장자가 되어 버크셔 해서웨이라는 회사를 매입했지.

승희: 그렇게 말할 정도였으니 벤저민 그레이엄도 굉장히 위대한 투자자였겠네요. 갑자기 그분의 투자 철학과 인생에 대해서도 궁금해지네요!

선생님: 맞아, 벤저민 그레이엄이 쓴《현명한 투자자》나《증권분석》은 주식투자의 베스트 셀러 오브 베스트 셀러로 꼽히고 있어. 관련 책들을 읽어보는 걸 추천해.

승희: 그렇군요.

선생님: 워런 버핏의 투자관에 대해서 간략히 말해볼게. 워런 버핏은 가치투자의 대명사로 전 세계에서 가장 유명한 투자자야. 가치투자란 가치보다 저평가 되어 있는 기업을 값싸게 매수하여 제 가치를 찾으면 되팔아 차익을 얻는 투자자이지. 버핏이 찾는 기업은 첫 번째로, 그 사업을 이해할 수 있고, 5~10년 뒤가 좋을 만한 기업, 믿을 만한 경영진이 경영하고 있어야 하고, 인수 가격(매수 가격)이 합리적이어야 해. 이런 기준을 가지고 있다 보니 고PER인 IT 주식에 대해서는 매수를 꺼리게 된 셈이지. 버핏의 스승인 벤저민 그레이엄도 저평가 주식 매입을 중요하게 여겼거든.
버핏은 어떤 식으로 기업이 돈을 벌든 수익을 창출하는 비즈니스 모델을 자신이 이해하지 못하면 투자하지 않는다고 했어. 그리고 경제적 해자가 있는 기업에만 투자한다고 했어.

승희: 경제적 해자가 뭐죠?

선생님: 해자란 성벽 주변에 인공으로 땅을 파서 고랑을 내거나 자연 하천을 이용하여 적의 접근을 막는 시설이야. 성 주위를 물이 둘러싸고 있으니 당연히 적들이 접근하기 어렵겠지. 이처럼 경제적 해자가 있는 기업이란 다른 기업에서 해당 기업의 비즈니스에 침투해 들어오기 어려운 기업을 말해. 기술적으로 우위가 있거나 브랜드적으로 우위에 있어 다른 기업에게 사업의 영역을 쉽사리 내주지 않는 기업들이지. 버핏도 여러 가지 명언을 남겼는데 그중 가장 유명한 것은 바로 "주식투자에서 가장 중요한 첫 번째 원칙은 돈을 절대로 잃지 않는 것이며, 두 번째로 중요한 원칙은 첫 번째 원칙을 잊지 않는 것이다"라는 명언이야.

그림 73 성을 보호하는 해자

승희: 그렇군요. 절대 돈을 잃지 않으면 점점 부가 늘어나겠네요. 버핏은 지금도 투자를 하고 있는 거죠? 지금은 어떤 종목들을 보유하고 있나요?

선생님: 그럼, 버핏은 올해 93세의 나이임에도 불구하고 건재하게 투자를 이어 나가고 있어. 버핏은 위와 같은 원칙들로 매수한 기업을 장기 보유하는 것으로 유명해. 그래서 "10년 보유하지 않을 주식이면 10분도 보유하지 말라"라는 명언도 남겼어. 버핏은 현재 애플의 3대 주주일 정도로 애플의 주식을 많이 보유하고 있어. 그리고 뱅크 오브아메리카(은행주), 쉐브론(에너지), 코카콜라(식음료), 아메리칸 익스프레스(철도), 옥시덴탈(에너지), 크래프트 하인즈(식음료), 무디스(신용평가) 등의 기업을 보유하고 있어. 애플 같은 경우 전체 주식투자 비중의 40%를 넘길 정도로 애플을 사랑하고 있지. 우리가 애플의 제품을 소비하고 사용하면 그것으로 인한 주가 상승과 배당금을 버핏이 해당 비율만큼 가져가는 셈이야. 애플의 현재 주가를 기준으로 버핏이 애플에서 올린 시세차익은 수십조 원에 달해.

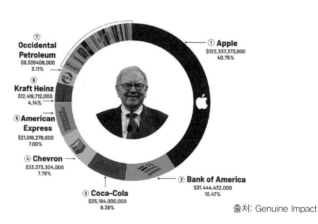

출처: Genuine Impact

그림 74 2022년 기준 워런 버핏 포트폴리오

승희: 와, 그렇군요. 버핏의 애플에 대한 신뢰도가 높고 비전을 좋게 보니 저 정도 비율로 투자할 수 있는 것이겠네요!

선생님: 응, 또한 버핏은 경영자의 마인드나 태도 등을 중요시해. 그래서 기업을 매수할 때 재무제표 등의 숫자로 기업을 우선 선택하고 그다음으로 앞으로의 성장 가능성이나 브랜드 가치, 경영인의 자질 등으로 최종 투자할 기업을 선택한다고 해.

승희: 그렇군요, 사실 버핏과 같은 시야가 있다면 가능하겠지만, 일반인들에게는 생각보다 어려운 일인 것 같아요.

선생님: 맞아, 우리 같은 일반 투자자들은 접근하기 어려운 정보들이 있기 때문에 버핏과 똑같이 투자하기란 어려운 일이야. 그래서 애플에 대한 버핏의 자산비중이 높다고 우리 역시 한두 종목에 자산의 비중을 높이는 건 위험한 일일 수 있어. 버핏도 일반인들의 어려운 점을 알고 있었지. 그래서 종목을 구성하는 데 있어 능력이 부족한 대부분의 일반적인 투자자들은 한두 개 기업에 집중투자하는 것보다 미국의 주식시장 전체를 추종하는 인덱스 펀드에 90%, 생활비를 쓰기 위해 미국 단기국채에 10%에 투자하는 것이 제일 좋고, 만약 개별 종목에 투자하고 싶다면 가능한 한 많은 종목으로 포트폴리오를 구성하는 게 좋다고 말했어.

승희: 그렇군요. 자신과 같은 투자 방법이 제일 좋지만, 개인 투자자들은 자신과 같지 않으니 새로운 조언을 한 것이군요. 세계 최고의 투자자가 하는 말이니 잘 새겨들어야겠어요.

선생님: 맞아, 버핏 역시 투자자들에게 많은 명언들을 남겼어. 표로 정리하고 다음 투자의 대가로 넘어가자!

승희: 네!

워런 버핏의 투자 명언

"잠자는 동안에도 돈이 들어오는 방법을 찾아내지 못한다면 당신은 죽을 때까지 일을 해야 할 것이다."

"남들이 겁을 먹고 있을 때 욕심을 부려라. 남들이 겁을 먹고 있을 때가 욕심을 부려도 되는 때이다."

"10년 이상 주식을 보유할 자신이 없다면 단 10분도 보유하지 마라."

"주식투자에서 가장 중요한 첫 번째 원칙은 돈을 절대로 잃지 않는 것이며, 두 번째로 중요한 원칙은 첫 번째 원칙을 잊지 않는 것이다."

"주식시장은 인내심 없는 사람의 돈을 인내심 있는 사람에게 이동시키는 도구이다."

"물이 빠지면 누가 발가벗고 수영을 하고 있었는지 알 수 있다."

"좋은 타자가 되려면 좋은 공이 올 때까지 기다려라."

"위험은 자신이 무엇을 하는지 모르는 데서 온다."

"투자에는 과학자가 될 필요도 없다. 투자는 IQ 200이 IQ 100을 이기는 게임이 절대 아니다."

"정직은 아주 비싼 재능이다. 싸구려 인간들에게 기대하지 말라."

"진정한 성공이란, 내가 사랑해 줬으면 하는 사람이 나를 사랑하는 것이다."

"돈은 어느 정도까지 사람을 재미있게 하고 좋은 곳으로 데려다준다. 하지만 돈이 있다고 해서 당신을 사랑하는 사람이 더 늘어난다거나 당신의 건강이 더 좋아질 일은 없다."

워런 버핏의 우량종목 선택 10계명

01. 자기자본 이익률(ROE)이 높아야 한다.

02. 투명하게 경영하는 기업을 선호하라.

03. 현금화할 수 있는 이익을 내야 한다.

04. 독점적 사업 분야로 가격 선도자의 입장에 있어야 한다.

05. 천재가 아니라도 경영할 수 있는 회사여야 한다.

06. 향후 기업실적을 예측할 수 있어야 한다.

07. 정부의 규제를 받지 않는 사업이어야 한다.

08. 재고수준이 낮고 자산회전율이 높아야 한다.

09. 주주 중심으로 경영해야 한다.

10. 최고의 사업은 다른 기업의 매출이 늘어날 때 수익을 얻는 기업이다.

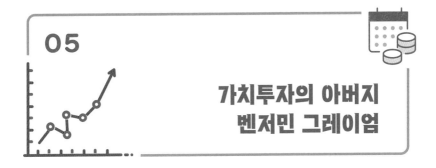

05

가치투자의 아버지
벤저민 그레이엄

승희: 선생님, 오늘 소개해 주실 투자의 대가는 누구일까요?

선생님: 오늘은 지난 시간에 잠시 언급했던 워런 버핏의 스승님인 벤저민 그레이엄이야!

승희: 와, 정말 투자의 대가들만 연달아 소개시켜 주시네요. 이분은 어떤 투자를 했는지 궁금해요.

선생님: 응, 우선 이분의 일생을 간단히 알아보면 벤저민 그레이엄은 1894년에 출생해서 1976년에 사망했고 투자자들 사이에서 '가치투자의 아버지'로 불리는 전설적인 투자가이셔. 콜롬비아 대학 경제학과를 차석으로 졸업할 정도로 수재였고 이후 월스트리트에서 경력을 쌓고 투자하기 시작해. 저평가된 주식을 찾고 장기 보유하여 수

익을 내는 방법을 선호했어. 특히 벤저민 그레이엄은 투자와 투기를 구분하였는데, 투자란 안전마진이 확보된 종목을 매수하는 것이고, 투기는 아무런 논리적 근거 없이 상승만을 바라고 매수하는 것을 투기라고 하였어.

승희: 그렇군요, 선생님, 근데 안전마진이 뭐죠?

선생님: 투자자가 된 이후 벤저민 그레이엄의 기업 가치 평가에 대한 생각은 1929년과 1932년의 대공황에 의한 주식시장 폭락으로 많이 바뀐 것 같아. 그레이엄에게 엄청난 충격을 주는 사건이었거든. 벤저민 그레이엄은 이후 자신을 보호하기 위해 안전마진(Margin of Safety)이라는 개념을 개발하였어. 파산의 공포를 극복하기 위해 채권 분석에서 차용한 아이디어인데, 기업의 가치를 평가할 때 수치적인 접근을 하는 거야.

승희: 수치적인 접근이 무슨 말인가요?

선생님: 응, 쉽게 말하면 그레이엄은 장부 가격보다 싸게 팔리는 회사를 찾았어. 장부 가격이라고 하면 우리가 배운 PBR 개념 있지? 즉 장부가치 이하이니 PBR이 1 이하인 회사를 투자 대상으로 물색한 거야. 장부가치보다도 주가가 낮게 형성되어 있으니 이를 안전마진이라고 본거지. 예를 들어 어떤 회사의 전체 장부가치가 1,000억 원이

라고 가정했을 때 주식시장에서 거래되는 시가총액이 600억 원이라고 한다면 이 회사는 본질상 1,000억 원의 가치를 가지고 있는 셈이니 400억 원의 안전마진이 확보되는 셈이야. 따라서 주식시장이 폭락한다고 해도 회사의 실제 가치가 있으므로 시장에서 제 가치로 가격을 올릴 것이라 믿는 거야.

승희: 그렇군요. 안전마진이란 개념은 처음 들어봤는데 상당히 멋진 개념인 것 같아요!

선생님: 응! 이 안전마진이란 개념에 대해서는 세스 클라만이라는 유명한 투자자가 개념을 잘 정립했으니 이분이 쓴 책을 읽어보는 것을 추천해. 세스 클라만이 말하는 안전마진의 개념은 1달러짜리를 50센트에 싸게 사는 것처럼 바텀업 투자를 선호해.

승희: 바텀업이 뭐죠?

선생님: 응, 보통 탑다운 투자방식과 비교하는데, 탑다운이 산업 분야를 먼저 고르고 그 산업 분야에서 투자할 기업을 선택하는 방식이라면, 바텀업은 기업을 먼저 선택하고 그 기업이 속한 산업을 보는 거야. 예를 들면 요즘 성장하는 2차 전지 산업 분야 내에서 기업을 찾는 투자자라면 탑다운 방식이고, 산업을 보지 않고 일단은 가치에 비해 저평가된 기업을 우선적으로 발굴하는 투자자라면 바텀업 투

자자인 셈이야.

승희: 아, 이해했습니다.

선생님: 응, 세스 클라만은 좋은 주식을 싸게 사는 것이 리스크를 줄이는 가장 좋은 방법이라고 말해. 즉 상방(상승)은 열려 있고, 하방(하락)은 막혀있는 셈이지. 즉 많이 오를 주식보다 더 이상 떨어지지 않을 주식을 사는 게 안전마진의 핵심 원리야.

승희: 왠지 이 개념을 적용하면 주식투자를 보다 보수적이고 안정적으로 해나갈 수 있겠다는 생각이 들어요!

선생님: 그렇지? 버핏이 했던 말과 같이 돈을 잃지 않는 투자 방법에 대한 핵심 개념이 바로 안전마진이야. 그런데 벤저민 그레이엄은《증권분석》이란 책에서 훨씬 더 보수적인 안전마진 계산 방법을 제시했어. 그게 바로 NCAV(순유동자산) 전략이야.

선생님: NCAV요? 순유동자산이 뭐죠?

선생님: 이걸 이해하려면 재무에 대해서 조금 공부할 게 있긴 해. 일단 설명할 테니 한번 들어보렴. 이 전략은 말도 안 되는 수준으로 저평가된 기업을 거저 주워서 이익을 얻는 방법이야. 즉 유동자산에서

부채총계를 빼서 산출하는 방식이야. 유동자산이란 현금, 단기 금융자산, 매출채권(물건 팔고 받아야 할 돈), 재고 등인데 대개 1년 안에 현금화가 가능한 자산이야. 반면 토지, 설비, 기계 등은 1년 안에 현금화가 어렵기 때문에 비유동 자산에 포함돼. 유동자산의 경우 실제 청산(현금화)을 진행한다고 하였을 때 실제 청산가치와 장부가치가 크게 차이나지 않아. 그러니까 장부에 기록된 예금 100억 원이 있다고 한다면 실제 내 손에 쥐는 돈도 100억 원이어서 거의 차이가 나지 않는 셈이지. 물론 재고자산(회사 내에 재고로 쌓여있는 제품)이야 100억 원어치가 장부에 기록되어 있다 하더라도 급히 현금화하는 과정에서 80억 정도의 가치밖에 못 받을 수도 있겠지만, 그래도 장부상의 가치와 비교적 일치한다고 볼 수 있어. 하지만 비유동 자산은 급하게 팔아야 할 경우 시가보다 상당히 낮은 수준에 판매해야 팔릴 수 있으니까 벤저민 그레이엄은 현금이나 단기 금융자산은 장부가치 대비 청산가치를 100%로 가정하지만, 매출채권(물건을 팔고 돌려받을 돈)은 80% 정도, 재고자산은 66.6% 정도, 비유동 자산의 경우 15%로 낮게 가정해.

그래서 모두 청산한다고 가정했을 때 이 청산가치의 합이 시가총액보다 50% 이상 높은 주식을 매수하는 거야.

NCAV전략

(유동자산−총부채) > **시가총액×1.5**

예시) 삼성전자의 유동자산은 218조 원이고 총부채는 93조 원이며
시가총액은 400조 원 가량 되므로 218조−93조 > 400×1.5에 해당되지 않기 때문에
NCAV전략 매수종목에 해당되지 않음.

그림 75 NCAV 전략

승희: 와, 꽤 복잡하네요. 사업 보고서를 보고 이런 내역을 일일이 산출해 내려면 눈알이 빠질 것 같아요.

선생님: 그렇지? 그래서 퀀트 프로그램(퀀트킹)을 쓰면 이런 기업을 자동으로 걸러줘서 투자하기에 쉬워지는 거야. 실제로 2003년부터 2023년까지 NCAV 전략을 돌려보면 한국 시장에서 연복리 수익률이 24.7%로 대단히 높은 성과를 기록했다고 볼 수 있어. 아래 퀀트킹 백테스트 결과를 볼까?

항목	NCAV(%)
Ex.삼성전자	31.92
필터식 항목	필터식
상하위 % (값기준)	
최소값.이상	
최대값.이하	
점수식 항목	점수식
항목별비중	100
정렬방식	높은순서

3. 백테스트 결과
종합결과　히스토리　오늘의종목　월별수익율표　구간별결과　구간별히스트

파일로 내려받기

항목	결과값
운용기간	20 년
편입종목	20 개
매도수수료% (슬리피지포함)	1.33
누적수익율(원금 100)	8235.6
연봉균수익율	24.7
MDD	-49.8
거래 개월수	240
상승 개월수	150
승율% (상승개월수/거래개월수)	62.5
전체 거래종목수	426
거래정지 종목수	13
월평균수익율 (단리적용)	2.1
월간변동성 (표준편차)	7.2
(좋은)상태 첫수	0
(나쁜)상태 첫수	1

그림 76 NCAV 전략의 백테스트 결과

승희: 와, 대단하네요. 24.7%라니…. NCAV라는 지표 하나만 가지고도 시장수익률을 훨씬 초과하는 전략을 만들 수 있네요.

선생님: 맞아. 벤저민 그레이엄이 증권분석에 해당 내용을 집필한 지거의 100년 가까이가 다 되어가는데 아직까지도 초과수익이 존재한다는 건 벤저민 그레이엄이 얼마나 대단한 투자자인지 보여주는 증

거이지.

승희: 그렇군요. 개인이 기업보고서를 토대로 일일이 NCAV 값을 계산해내려면 시간과 노력이 많이 들겠네요. 이럴 때는 프로그램의 도움을 받는 게 편하겠어요!

선생님: 맞아, 그레이엄의 투자법 소개가 좀 도움이 되었니?

승희: 네! 완전요.

선생님: 그럼 다음으로 넘어가 볼까?

정리 및 제언

1. 벤저민 그레이엄은 워런 버핏의 스승으로 장부가치 이하의 주식을 매수하는 것을 선호한 투자자이다.

2. 장부가치 이하라는 뜻은 PBR 1 이하인 저평가 주식들을 가리킨다.

3. 그는 투자에 있어 '안전마진'이란 개념을 제시하였다. 현재 가격이 가치에 비해 저평가되어 있고 그 괴리가 크면 클수록 더 많은 안전마진이 확보돼 있다고 본다.

4. 벤저민 그레이엄은 순유동자산이 시가총액보다 50% 이상 높은 주식을 매수하는 NCAV라는 개념을 제안하였다.

5. 한국시장에서 NCAV가 높은 주식 20종목을 매수하였고 반기 리밸런싱을 한다고 가정하였을 때 해당 전략은 연복리 24% 정도의 높은 수익률을 보인다.

6. 해당 챕터를 읽은 소감을 정리해 보자.

....

....

....

06

역발상 투자의 대가
데이비드 드레먼

승희: 선생님, 오늘 만나 볼 투자의 대가는 누구일까요?

선생님: 오늘은 《역발상 투자》라는 책을 쓴 데이비드 드레먼이란 투자의 대가야.

그림 77 데이비드 드레먼의 저서

승희: 역발상 투자라고 하니 뭔가 참신한 투자 기법일 것 같은 생각이 들어요. 데이비드 드레먼은 어떤 분이세요?

선생님: 데이비드 드레먼은 뛰어난 심리적 통찰력으로 시장을 이긴 역발상 투자의 귀재라고 불려. 드레먼은 사람들과 반대로 생각하는 역발상을 통하여 시장을 이기는 투자 이론을 만들었어. 즉 남들이 버린 쓰레기 같은 주식 중에 저평가주를 발굴하고, 놀라운 성과를 이뤘어. 데이비드 드레먼은 투자 전문가인 아버지의 영향을 받아 주식에 눈을 떴어. 현상을 있는 그대로 받아들이기보다 의심하고 질문하는 태도가 역발상 투자의 실마리가 된 것이지. 현재는 투자회사를 설립하고 40억 달러가 넘는 개인 및 기관의 자금을 운용하고 있어.

승희: 이분도 정말 대단한 분이네요.

선생님: 맞아, 이분은 시장에서 소외받던 소외주와 위기에 처한 종목을 골라 탁월한 성적을 거두었어. 데이비드 드레먼은 시장을 이길 수 있는 간단한 전략조차 대다수 투자자가 따라 하지 못하는 가장 큰 이유는 '과민반응' 때문이라고 했어.

승희: 과민반응이요? 원래보다 더 크게 반응한다는 거죠?

선생님: 맞아, 언론에서 떠들거나 친구나 직장동료가 그 기업에 대해

좋게 평가하면 투자자는 그 주식에 지나치게 비싼 값을 매겨. 또, 주가가 하락하고 기업을 둘러싼 부정적인 내용이 신문 및 뉴스에 들리고 기업의 미래가 우울하다는 이야기가 들리면 그 종목은 소외주라 주가가 과도하게 떨어지는 거야. 드레먼은 투자자들의 이러한 행태를 보면서 시장이 '뉴스'에 과민반응한다는 사실을 깨달았어.

승희: 맞아요. 제가 생각해도 특정 종목이 너무 과하게 떨어지거나 또 너무 급등하는 경우를 보며 이상하다는 생각을 많이 했거든요.

선생님: 그렇지? 그래서 인기주는 과대평가 되어 있으므로 부정적인 뉴스가 조금만 나와도 이후에 주가는 사정없이 뭇매를 맞고 떨어지는 반면에, 이미 지나치게 과소평가된 주식은 부정적인 뉴스가 나와도 더 떨어지지 않고 그 자리를 유지하는 경우가 많지. 하지만 긍정적인 소식이 조금이라도 들려오면 주가가 올라가기도 해. 마치 매일 100점 맞던 학생이 우연히 한 문제를 틀렸다면 기대감이 와르르 무너지지만, 매일 50점을 맞던 학생이 70점을 맞게 된다면 기대감이 상승하게 되는 것과 같은 원리야.

승희: 그렇군요, 상당히 설득력이 있네요!

선생님: 사람들은 지금 전망이 좋은 기업들은 앞으로도 좋을 것이라고 미래를 지나칠 정도로 낙관하고, 지금 전망이 좋지 않은 기업은

앞으로도 계속해서 안 좋을 것이라고 생각해. 그래서 그는 비인기주인 '최악' 주식을 매수하게 되면 인기주인 '최고' 주식의 성과를 이길 수 있다고 말했어. 이처럼 사람들의 심리와 반대로 투자하는 것이 데이비드 드레먼의 '역발상 투자법'이지.

승희: 그렇군요. 정말 멋진 것 같아요! 구체적으로 어떠한 종목을 투자 대상으로 선정했나요?

선생님: 데이비드 드레먼은 4가지 요소를 고려하는 투자 전략을 제시했어. 첫 번째는 저 PER 주식에 투자하는 방법이야. 저 PER 주는 돈은 잘 벌지만, 시장에서 소외되고 버림받아(?) 저렴한 가격에 거래되고 있는 주식을 말하지. 즉 이런 비인기 주식에 투자하면 돈을 번다는 거야. 그리고 이를 입증하기 위해 1970년 1월 1일부터 2010년 12월 31일까지 1500개의 종목을 대상으로 모든 주식을 5분위 그룹으로 나누었어. 즉 PER이 낮은 주식부터 300개씩 5개의 그룹으로 나누는 거야. 그중에 PER이 가장 낮은 20% 기업들의 성과가 가장 우수한 것을 입증했어.

승희: 대단하네요. 또 어떤 기준으로 종목을 매수했나요?

선생님: 두 번째는 저 PCR 주식에 투자하는 방법이야. PCR은 주가현금흐름비율을 말하는데 시가총액을 현금흐름으로 나눈 값을 의미

해. 즉 현금흐름이 원활한 데 비해 주가가 너무 저평가돼 있는 주식들을 알려주는 지표이지. 역시 위와 마찬가지로 PCR 하위 20% 종목이고 PCR 종목에 비해 위험은 낮고 수익은 높다는 사실을 입증했어.

승희: 아, 시장에서 인기가 없는 소외주를 이런 식으로 고르는군요.

선생님: 맞아, 그리고 저 PBR 전략과 배당수익률이 높은 상위 20% 종목에 투자하는 고배당주 기준까지 해서 총 4개의 기준을 가지고 기업을 매수하곤 했어.

승희: 고배당주도 시장에서 인기가 없는 건가요? 배당금을 많이 주는데도요?

데이비드 드레먼의 역발상 투자전략에 따른 4가지 기준
1. 저 PER 종목
2. 저 PCR 종목
3. 저 PBR 종목
4. 배당수익률 높은 종목

선생님: 맞아, 실질적으로 돈을 잘 벌었나를 알 수 있는 지표가 바로 배당금인데 이상하게도 사람들은 성장이 멈추고 배당금을 잘 주는 기업보다는 배당금을 잘 안 주더라도 투자하고 성장하는 기업을 좋아하다 보니 이런 일이 생기는 거지.

승희: 이렇게만 해도 시장수익을 이길 수 있는데 사람들은 왜 따라 하지 않는 걸까요?

선생님: 이렇게 간단한 전략으로도 시장을 이길 수 있지만 위에서 말한 것처럼 사람들은 심리적 편향에 따라 과민반응하여 특정 전략을 지속할 수 없게 되기 때문이야. 데이비드 드레먼은 이에 대해 다음과 같이 말했어.

"역발상 전략을 성공적으로 완수하려면 때로는 본능적 반응에도 맞서야 하고 당신이 존경하는 전문가나 시장의 지배적인 믿음에도 맞서야 한다. 자신의 판단을 믿고 끝까지 참아내는 능력과 개인주의에 대해 우리는 어느 정도 자부심을 느낀다."

즉 내가 옳다고 생각하는 전략을 지속적으로 끌고 가기 위해서는 해당 전략에 대한 확고한 믿음과 신념이 필요한 셈이야. 즉 인내심과 용기가 필요한 거지.

승희: 역시, 투자의 대가들은 인내심과 용기를 하나같이 강조하네요.

선생님: 응, 이러한 데이비드 드레먼의 전략도 퀀트 프로그램(퀀트킹)을 활용해서 구현할 수 있어. 저 PER과 저 PCR 주식에 투자하는 전략을 한번 구현해 볼까?

그림 78 퀀트 프로그램을 활용해 구현한 데이비드 드레먼의 투자전략

승희: 와, 연복리 36.6%라니 대단한 수익률이네요. 데이비드 드레먼의 말이 맞았네요. 이 전략은 한국시장에서도 잘 통하는 것 같아요.

선생님: 그렇지? 그리고 초과성과표를 봐도 무려 20년 동안 18번이나 시장지수(코스피)를 이긴 것을 확인해 볼 수 있어. 시장지수에게 진 건 2017년과 2019년뿐이고 그 외에는 모두 이겼어.

초과성과	연간수익률	1월	2월	3월	4월	5월	6월	7월	8월	9월	10월	11월	12월
2003년	23.7					21.9	-4.5	-6.1	7.5	3.6	-10.4	3.7	3.1
2004년	63.9	-7.2	3.1	9.8	7.5	5.8	-4	13.4	0.4	2.9	9	3	3.2
2005년	169.7	29.2	33.5	-9.5	7.4	2.6	11	-0.8	1.6	2	13.8	7.8	-10
2006년	22.4	-2.2	-1.3	1	6.8	0.7	-5	3.2	3.3	1.5	5.6	10.8	-2.7
2007년	106.8	7.9	-0.6	10.8	3.4	18	-1.8	2.8	35.4	1.2	-9	1.8	-2.6
2008년	0.4	21.3	4.3	-6.8	-0.5	1.8	1.8	-1.1	2.2	-5.8	-9.8	-2.6	-0.5
2009년	50.2	11.2	11.2	7.8	14	9	-3	-7.7	-1.3	-9	1	0.9	-1.2
2010년	50.5	1.5	5.3	29.5	5.3	-4	3	-1.1	-2.3	-2.5	19.5	-5.2	-7.1
2011년	19.1	7.7	6.3	-0.4	-2.5	0.9	0.9	7	3.1	-6.8	0.2	-0.8	4.5
2012년	28.7	-0.8	11.2	0.7	1.7	0.4	3.1	-3.1	8.4	0.1	5.8	2.7	-5.5
2013년	36.5	6.7	2.3	17.8	8.8	3.1	-3.6	2.2	-1.2	-1	1.1	-1	-2
2014년	54.6	10	8.4	4.7	13.4	13.1	-3.8	-3.1	5	-3.6	0.3	-1.5	5.1
2015년	39.9	8.2	10.5	5.6	5.2	5.2	2.1	2.9	0.5	-1.4	-0.4	-2.4	-1.2
2016년	11.3	3.2	4.4	1.7	8.7	-6.4	0.1	1.9	-1.8	-1.5	1	0.5	-0.7
2017년	-30.1	-2	4.2	-1.4	-2.6	-2.8	-2.8	-5	-3.2	-7	-3.5	-0.4	-1.9
2018년	2	2.3	-0.2	-4.1	4.6	15	-7.4	-2.1	-2.9	-2.4	-2.4	4	0.3
2019년	-5	2.7	3.8	5	10.9	-3.3	-1.4	-3.2	-2.3	-4.1	-3.8	-3.1	-4.3
2020년	25.1	-3.9	-1.4	-13	16.5	1.2	-4.7	10.9	10.1	0	1.7	2.6	6.3
2021년	67.2	1.2	3.6	14	11.3	0.8	6.1	0.8	0.2	7	7.1	-1.1	1.4
2022년	6.4	10.2	5	0.6	0.9	-2.9	-0.4	-2	1.1	-4.9	-3.4	9.1	-3.3
2023년	-5.2	-0.4	2	-7.6	1.2								
월평균수익률	35.1	5.3	5.8	3.3	6.1	4	-0.7	0.5	3.2	-1.6	1.2	1.4	-1

그림 79 백테스팅으로 확인해 본 데이비드 드레먼의 전략

승희: 데이비드 드레먼의 전략이 대단하네요! 비인기 주식이고 소외주임에도 불구하고 저평가 주식에 투자했을 때 어떤 결과를 내는지 보여주니 투자에 더욱 확신을 갖고 임할 수 있겠네요!

선생님: 응, 그래서 백테스팅으로 이 전략이 과연 유효한지 앞으로 또 통할 수 있을 만한 전략인지 아는 건 매우 중요해. 자기 확신과 검증이 없다면 전략을 지속적으로 수행하기 힘들어 결국 포기하는 경우도 많거든.

승희: 그렇군요. 저도 저평가주에 집중하는 전략을 만들어 보고 싶어요.

선생님: 그래, 퀀트킹과 같은 프로그램은 누구나 조금만 사용법을 익히면 쉽게 사용할 수 있으므로 승희도 충분히 만들어 볼 수 있어. 드레먼의 투자는 여기까지 정리할게.

승희: 네!

정리 및 제언

1. 데이비드 드레먼은 뛰어난 심리적 통찰력을 바탕으로 이른바 소외주에 투자하는 역발상 투자 전략을 고안하였다.

2. 시장의 과민반응에 의하여 지나치게 저평가된 종목을 사서 수익을 내는 전략을 제시하였다.

3. 종목을 선정하는 4가지 원칙은 PER, PCR, PBR이 낮으며 배당수익률이 높은 주식을 매수하는 것이다.

4. 위와 같은 주식을 매수한다면 한국시장에서도 시장을 초과하는 이익을 얻을 수 있다.

5. 해당 챕터를 읽은 소감을 정리해 보자.

07

배당 성장주 투자

승희: 선생님, 오늘도 투자의 대가를 소개해 주실 건가요?

선생님: 오늘 소개해 줄 건 배당주 투자인데, 사실 많은 투자의 대가들이 투자에 있어 배당금을 고려했어. 그래서 딱히 대표주자라 할만한 인물은 없어.

승희: 그렇군요. 배당주 투자는 어떤 방식인가요?

선생님: 응, 우선 배당금에 대해 간단히 말해줄게. 배당금은 기업이 일 년간 벌어들인 순이익에서 일부를 주주들에게 다시 환원하는 것을 배당금이라고 말했었지?

승희: 네!

선생님: 배당금은 회사 내에 현금이 없다면 지급 자체가 불가능 하기 때문에 회사가 여윳돈이 있다는 가장 확실한 증거라 할 수 있어. 사실 재무제표는 회사가 임의로 조작을 해서 영업이익을 부풀리는 경우도 있기 때문에 회사 내부에 실제로 현금이 있는지는 현금흐름표를 따로 봐야 하거든. 그런데 배당을 준다는 것은 회사 내부에 현금흐름이 있다는 가장 확실한 증거이기 때문에 배당을 주는 기업들은 일차적으로 믿고 거를 수 있어. 물론 힘겹게 배당금을 주는 회사들도 있어서 배당 성향도 함께 봐야 해.

승희: 배당 성향은 뭔가요?

선생님: 기업이 1년간 얻은 순이익에서 배당금으로 지급하는 비율을 말해. 예를 들어 기업이 1년 동안 100억 원을 벌었는데 이 중 배당금으로 30억 원을 지급했다면 배당 성향은 30%인 셈이지. 배당성향이 높은 기업이 좋을까, 낮은 기업이 좋을까?

승희: 음, 높은 기업이 주주 친화적인 것 아닌가요?

선생님: 그렇게 생각할 수도 있지만 같은 시가배당률을 지급하는 두 기업이 있다고 가정할 때 배당 성향이 낮은 기업이 더 안정적이라고 볼 수 있어. 왜냐하면 앞으로 배당금을 올려줄 여지가 높다고 보여지거든.

승희: 그렇군요. 워런 버핏도 코카콜라로부터 매년 배당금을 수령하고 있죠?

그림 80 배당금 알림 메시지

선생님: 맞아, 버핏은 코카콜라 주식을 무려 30년간 보유하고 있는데, 배당금이 매년 계속 올라서 현재는 초기 투자 원금의 40% 정도를 매년 배당금으로 받고 있대. 연간 약 6~7억 달러 정도의 배당금이 버크셔 해서웨이 회사로 들어와. 그리고 그사이에 코카콜라 주가는 30배 이상 올랐고….

승희: 와, 대단하네요. 매년 엄청난 배당금을 주기 때문에 버핏이 코카콜라 주식을 계속해서 보유하는 것이군요.

선생님: 맞아, 그리고 코카콜라는 50년 이상 매년 배당금을 올려온 회사거든. 물가 상승에 따라 콜라 제품의 가격을 계속 올리니 회사의 영업이익도 매년 올라가고 배당금도 올릴 수 있는 것이지.

승희: 와, 그렇게 들어보니 매년 배당금을 올리는 회사의 주식은 너

무 매력적으로 보이네요.

선생님: 맞아. 이렇게 매년 배당금을 올려주는 회사를 '배당 성장주'라고 해. 미국에는 최근 5년 이상 배당금을 늘려온 배당블루칩 기업들과 10년간 배당금을 늘려온 배당성취자 기업들, 25년간 배당금을 늘려온 배당귀족주, 무려 50년 이상을 한 번의 배당금 삭감 없이 계속 지급한 배당킹 주식들도 있어. 배당귀족주 기업은 65개, 배당킹 기업들은 47개가량이 있대. 우리가 들어본 3M, 코카콜라, 존슨앤존슨, P&G 같은 기업들이 모두 배당킹 기업들에 포함되어 있어.

승희: 와, 역시 미국은 금융의 역사가 오래돼서인지 매력적인 기업들이 정말 많은 것 같아요. 선생님은 미국 배당주 투자를 추천하는 편이신가요?

선생님: 추천하는 편이야. 승희 말대로 미국은 금융의 역사가 오래되었고 배당성향(기업의 순이익 중 주주들에게 배당금으로 환원하는 비율)이 한국보다 높기 때문에 주주 친화적이라 할 수 있어. 그리고 한국의 대다수 기업은 연 배당(일 년에 배당금 1회 지급)인 데 반해 미국은 주로 분기 배당(3개월마다 지급)이라 배당금 투자가 좀 덜 지루하다고 할 수 있지. 사실 일 년에 한 번 배당금을 받는 투자자라면 그 시기까지 기다리는 게 힘들고 지루할 수 있거든. 미국은 심지어 월 배당을 주는 주식들도 많이 있어. 하나 더 말하자면 미국의 주식을 들

고 있는 건 달러 표시 자산이기 때문에 달러에 자산을 분배하는 효과도 있고.

승희: 와, 그렇군요. 미국 투자는 저도 전부터 생각하고 있었는데 매력적인 기업들에 배당도 계속 올려주는 기업들은 정말 보유하고 싶네요.

선생님: 맞아, 배당을 계속 올려주는 배당 성장주 같은 경우에는 돈이 급한 경우가 아니면 팔지 않고 모아가는 경우도 많아. 특히 배당성장률이 물가상승률보다 높은 경우에는 물가 상승의 위험을 헷징하기 때문에 물가 상승으로 인한 화폐가치 하락에도 대응할 수 있어. 게다가 배당주는 주가가 떨어지면 떨어질수록 더욱 매력적이야. 왜냐하면 배당주는 주가가 내려갈수록 배당수익률이 올라가기 때문이지. 예를 들어 배당금 500원을 주는 주식 한 주의 가격이 10,000원이었는데 시장의 불안으로 주당 5,000원으로 폭락하면 시가배당률은 5%에서 10%로 올라가기 때문에 배당금을 얻으려는 투자자는 이때 적극적으로 주식을 매수할 수 있어. 또한 배당주는 배당금을 주기 때문에 장기간 주식 보유를 유도하여 장기투자를 가능하도록 도와줘.

승희: 그렇군요. 매년 배당금을 일정하게 주거나 올려주는 회사이고 회사의 실적에 아무런 이상이 없는데 주가가 폭락하면 그때 배당주

를 싸게 매수할 기회라는 거죠?

선생님: 맞아, 버핏도 코카콜라 주가가 폭락할 때 주식을 저렴하게
매수해서 지금까지 들고 있는 거지.

승희: 그렇군요. 선생님, 그럼 배당금을 과거에 어떻게 줬는지 어디에
서 확인할 수 있을까요?

그림 81 네이버 증권 배당금 확인

선생님: 응, 국내 주식은 네이버 증권(https://finance.naver.com)에서
확인할 수 있고 미국 주식은 식킹 알파(https://seekingalpha.com)에서
확인해 볼 수 있어. 이 외에도 인베스팅 닷컴(https://kr.investing.com)
과 같이 확인해 볼 수 있는 사이트는 많아.

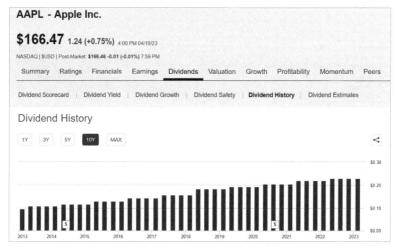

그림 82 네이버 증권 배당금 확인 메뉴

그림 83 식캉 알파의 애플 배당금 추이 화면

네이버 배당정보 웹사이트	식킹 알파 웹사이트

승희: 그렇군요. 선생님 좋은 사이트 소개 감사합니다. 그런데 개인이 일일이 배당킹이나 배당 귀족주를 체크하는 건 어떤 사람에게는 귀찮을 수도 있을 것 같아요. 혹시 이런 종목에만 투자하는 ETF는 없나요?

선생님: 물론 있지. 개별주 투자가 어렵거나 귀찮은 사람들은 이런 종목들만 모아놓은 ETF를 매수하면 돼. 대표적인 ETF로는 NOBL, DVY, SCHD, DGRW, VIG 같은 것들이 있어. NOBL은 미국에서 배당을 25년 이상 늘려온 기업만으로 이루어졌고 최소 40개 이상의 기업으로 이루어진 ETF야. 그 외 고배당주나 위주의 ETF인 DVY가 있어. 그리고 배당성장률이 높은 기업으로만 구성되어 있는 SCHD, DGRW, VIG 같은 ETF가 있어.

승희: 선생님, 미국은 정말 ETF의 천국이라 공부해야 할 게 너무 많네요. 이 중에 제일 괜찮다고 생각하시는 건 있나요?

선생님: 일단 ETF라면 기본적으로 수십 종목으로 투자하기 때문에 분산투자 효과가 있어서 개별 종목 투자보다는 안전한 편이야. 선생님이 투자하는 SPY나 SCHD, JEPI 같은 ETF들이 있기는 하지만 매수 결정은 본인이 하는 게 맞아. (주의! 모든 매수의 책임은 본인에게 있습니다.) SCHD는 시가배당률은 3~4% 정도로 크게 높지는 않지만 매년 평균 배당성장률이 10%가 넘을 정도로 배당성장이 좋은

ETF야. 그리고 미국뿐만 아니라 우리나라에도 배당 관련 ETF들이 많이 상장되어 있어.

배당성장률이 높은 기업이란? 매년마다 배당금을 올려서 분배하는 기업을 말해. 배당성장률이 높은 기업은 주가 또한 상승하여 장기적으로 벤치마크 지수를 능가하는 성과를 보이지.
예를 들어, 주가 10,000원으로 같은 A 기업과 B 기업이 있다고 하자.

	2019	2020	2021	2022
A 기업 배당금	800원	800원	900원	950원
B 기업 배당금	300원	400원	500원	600원

두 기업 중 어떤 기업에 투자해야 할까? 현재 배당률로 봐서는 A 기업이 당연히 매력적이지만 배당 성장률로만 봐서는 B 기업은 3년 동안 100%가 성장했고 A 기업은 20% 남짓 성장해서 앞으로를 봤을 때 B 기업이 A 기업의 배당금을 추월할 확률이 높다고 할 수 있어. 1~2년이 아니라 배당주에 장기투자한다고 하였을 때는 A 기업보다 B 기업의 선택이 더 낫다고 볼 수 있지.

승희: 우리나라 배당 관련 ETF들이 궁금해요!

선생님: 응, 유명한 ETF로는 ARIRANG고배당주, KBSTAR고배당, KODEX고배당, SOL미국배당다우존스 같은 것들이 있어. 최근 국내에 상장한 SOL미국배당다우존스 ETF는 미국 SCHD를 거의 완

벽히 복제한 ETF라서 SCHD와 거의 유사하게 움직여. 그런데 SOL 미국배당다우존스 ETF는 SCHD에 비해 월 배당(매월마다 배당금을 지급)으로 설계한 상품이라 매월 현금흐름을 중요시 여기는 투자자에게는 좋은 선택이 될 것 같아.

승희: 그렇군요. 국내장에도 다양한 배당 관련 ETF들이 많아서 공부해 봐야겠어요.

선생님: 응. 배당주를 투자할 때는 현재의 배당률도 중요하지만, 배당률이 높다고 무조건 혹해서는 안 돼. 배당금이 매년 얼마만큼 성장하고 있는지를 알려주는 배당성장률도 함께 봐야 해. 그리고 배당금을 주지만 주식회사가 아닌 리츠라는 상품도 있어.

승희: 리츠요? 들어보긴 했는데 뭔가요?

선생님: 리츠는 여러 투자자로부터 자금을 모아 부동산에 투자하고, 여기에서 발생하는 임대수익, 부동산 매각수익 등을 배당금의 형태로 나누어주는 부동산 투자회사를 말해. 우리나라에도 부동산에 투자하는 많은 리츠 상품이 있고 이를 매수하면 부동산에 투자하는 것과 같은 효과를 볼 수 있어. 미국에도 이러한 리츠 상품들은 엄청나게 많이 상장되어 있지.

승희: 그렇군요, 적은 돈이 있어도 부동산에 투자할 수 있다는 것이 매력적이고 월임대료를 배당금처럼 수령할 수 있는 점이 재미있네요.

수익배당   임대료

지분투자   투자

투자자   **부동산 투자회사**   **투자자산**

그림 84 리츠 상품의 구조

선생님: 응, 미국 리츠를 투자하는 사람 중 가장 인기 있는 리츠는 리얼티 인컴이라는 회사야. 리얼티 인컴은 미국의 대표적인 부동산 투자회사인데 미국뿐만 아니라 영국, 스페인 등에 부동산 투자를 하고 있어. 그리고 우리가 아는 유명한 회사인 세븐일레븐, 페덱스, 월마트 등에 건물을 임대하고 있지. 좋은 점은 월배당 리츠란 점이야. 매달 배당금을 주기 때문에 투자자들에게 매력적이지. 1994년부터 배당금을 한 번도 줄이지 않고 계속해서 증가시킨 점이 매우 고무적이야. 1994년 대비해서 배당금은 2021년까지 3.28배 정도 상승했어!

승희: 그렇군요. 배당금을 한 번도 줄이지 않고 올렸다는 점이 대단한 것 같아요.

선생님: 응, 우리나라는 리츠의 역사가 그리 오래되지는 않지만, 교량·고속도로 등 인프라에 투자하는 맥쿼리 인프라, 전국 주유소에 투자하는 SK리츠, 물류센터에 투자하는 ESR켄달스퀘어리츠, 호텔·

백화점 등에 투자하는 롯데리츠, 해외부동산에 투자하는 제이알글로벌리츠 등이 있어. 리츠마다 배당수익률 및 가지고 있는 자산의 종류가 다르므로 꼼꼼히 알아보고 투자를 결정해야 해.

승희: 그렇군요. 리츠란 상품에 흥미가 생겼어요. 한번 공부해 보고 싶네요!

선생님: 그래, 부동산 투자의 대안으로 리츠란 상품까지 이야기해 봤네. 리츠는 부동산에 직접 투자하는 것에 비해서 건물의 관리나 세금 측면에서 유리한 점이 있을 수 있으니 잘 따져보면 좋을 것 같아.

승희: 네, 감사합니다!

선생님: 그래. 마지막 챕터로 배당 관련 투자에 관해 이야기해 봤어. 사실 자산의 가격이 올라 돈을 벌 수도 있지만 점점 나이를 먹을수록 매달 들어오는 현금의 가치는 더욱 커질 수밖에 없어. 왜냐하면 사람은 나이가 들수록 노동을 통한 수익이 줄어드는 때가 오거든. 그래서 배당금이나 채권이자 같이 일찍부터 자산으로부터 현금이 들어오는 구조를 만들어 놓으면 노후를 안정적으로 보낼 수가 있어. 노후 준비는 일찍부터 하는 것을 추천해.

승희: 네! 저도 명심하도록 할게요. 선생님, 이제 대가들의 투자법은

모두 이야기가 끝난 건가요?

선생님: 응, 사실 더 많은 대가가 있지만 이 책에 다 소개하는 것도 무리가 있고, 또 위의 소개한 것도 간단히 소개만 한 것뿐이라 각각 해당하는 내용에 관한 책들을 읽어보는 것을 추천해. 주식시장에 뛰어 들어서 남들보다 높은 수익을 내려면 금융 공부는 필수야. 물론 지식만으로 되는 것은 아니지만 대가들의 책을 통해서 그들의 투자에 대한 철학과 마인드를 배울 수 있기 때문이지. 이제 마무리로는 투자에 있어서 꼭 하고 싶은 몇 가지 조언들과 읽어야 할 주식투자 서적 추천 목록을 소개하고 마무리할까 해. 거의 다 왔으니 조금만 더 힘내자!

승희: 네!

정리 및 제언

1. 배당금은 회사 내에 현금이 없다면 지급을 할 수 없기 때문에 현금흐름이 좋다는 증거 중의 하나이다.

2. 시가배당률이 똑같은 두 기업이 있다면 배당 성향이 낮은 기업을 선택하는 것이 좋다. 앞으로 올려줄 여지가 있다고 보여지기 때문이다.

3. 시가배당률이 높다고 무조건 좋은 것은 아니다. 연평균 배당성장률이 높은 기업은 앞으로도 배당이 성장할 가능성이 높다.

4. 배당이 높거나 배당성장률이 높은 배당ETF들이 있으니 이를 잘 활용하면 투자하기에 쉽다.

5. 배당주 외에 부동산에 투자하는 리츠라는 상품이 있다. 직접 건물을 관리하는 것에 번거로움에서 벗어날 수 있는 투자상품이다. 배당률과 투자대상이 모두 다르니 잘 확인해 보고 투자를 결정해야 한다.

6. 해당 챕터를 읽은 소감을 정리해 보자.

마지막으로 당부하고
싶은 말

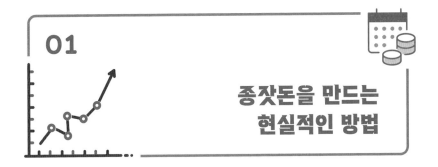

01

종잣돈을 만드는 현실적인 방법

　종잣돈은 투자에 있어 굉장히 중요합니다. 100만 원의 종잣돈으로 30%의 수익을 올린다면 30만 원을 벌겠지만 1,000만 원의 종잣돈으로 10%의 수익만 올려도 수익금은 100만 원으로 증가합니다. 물론 투자 초보인 경우 시행착오를 겪을 수 있기 때문에 적은 금액으로 투자를 1~2년간 해봐야 합니다. 하지만 점차 투자에 자신이 붙고 주식투자를 올바르게 할 수 있다면 투자금이 커질수록 경제적 자유에 손쉽게 가까워질 수 있습니다. 따라서 종잣돈을 모으는 것은 매우 중요하며 많은 경제전문가는 경제적 자유에 가까워지는 종잣돈을 1억 원이라고 말합니다. 약 중에 최고의 약은 무엇일까? 답은 바로 '절약'입니다. 누군가 넌센스 퀴즈로 냈던 문제인데 종잣돈을 만들기 위해서는 절약이 필수입니다. 물론 현재 현금을 소비하면서 느끼는 쾌락은 달콤하겠지만 이러한 쾌락에 길들여지면 절대로 투자에 성공할 수 없습니다. 과소비와 허영이 가득해지는 것은 덤으로 따라옵니다. 1억 원을 모으기 위해서는 소비를 미뤄야 하며 그러기 위해서는 절제가 필요합니다. 이러한 과정에 성공하고 또 올바르게 투자한다면 경제적 자유에 성큼 가까워질 수 있습니다. 그렇다면 비용을 절약하여 종잣돈을 만드는 현실적인 방법은 어떠한 것들이 있을까 알아봅시다.

첫째, 가공식품 및 간식의 소비를 줄이는 것은 절약과 동시에 건강에 큰 도움이 됩니다.

최근 현대인들의 각종 질병(고혈압, 당뇨, 암, 심뇌혈관 질환 등)이 폭증하고 있습니다. 현대인은 너무 잘 먹어서 문제가 생기지 못 먹어서 문제가 생기는 경우는 거의 없습니다. 가공식품에는 우리가 잘 알지 못하는 식품첨가물이 매우 많이 들어가 있습니다. 따라서 가공식품의 섭취를 줄일수록 건강이 좋아집니다. 또한 공복의 시간을 길게 확보하는 것은 신체의 장수 유전자를 활성화 시킬 수 있습니다. 건강과 맑은 정신을 챙기게 되며 이에 따라 많은 금전이 절약되고 이를 투자금으로 활용할 수 있습니다. 최대한 밥을 든든히 먹고 중간에 간식을 먹고 싶을 때 최소한의 가공식품이나 건강한 간식 등을 활용하는 것을 추천합니다.

둘째, 사교육을 과감하게 줄이면 학업과 절약에 큰 도움이 됩니다.

무의미하게 학원을 다니며 사교육을 하는 친구들을 굉장히 많이 봐 왔습니다. 학원에 월 수십에서 수백의 돈을 쓰지만 효과가 없는 친구들은, 대다수 자신의 의지 부족이 문제입니다. 반면에 사교육을 전혀 하지 않고 효과적으로 온라인 강의와 자습을 병행하는 학생들 중 뛰어난 성적을 올리는 학생을 여럿 봐왔습니다. 이 글을 쓰는 저 역시 고등학교 3년간 총 사교육비를 100만 원 이하로 지출하였고 약간의 인터넷 강의와 자습만으로 고1 때 상위 20% 성적대에서 고3 때 상위 4%까지 성적이 급등하였습니다. 특히 고등학교부터는 자기주도학습을 잘하는 친구들의 성적이 그렇지 않은 친구들에 비해 확연히 앞서 나갑니다. 아무리 개념에 대해 누군가 잘 설명해 준다 한들 자신이 스스로 습득이 되지 않으면 소용이 없습니다. 학습에서 '학'은 누군가에게 배우는 학습을 의미하고 '습'은 스스로 익히는 자습을 의미합니다. 그런데 우리 학생들은 누군가에게 설명을 주입받는 '학'에 너무 치우쳐져 있어 자신이 혼자 지식을 습득할 시간이 매우 부족합니다. 사교육을 줄여 자기주도학습 시간을 확보하게 되면 고등학생이 되면서 성적 향상도 되고 그와 더불어 절약한 사교육비는 멋진 투자자금이 될 수 있습니다.

셋째, 카페에서 사먹는 음료를 줄이면 건강과 절약에 도움이 됩니다.

등교 시간과 하교 시간을 살펴보면 손에 다들 카페 음료를 하나씩 들고 가는 모습을 관찰하곤 합니다. 보기엔 좋아 보이지만 카페 음료는 일반 음료보다 가격이 훨씬 비쌉니다. 한잔에 3~4천 원씩 하는 카페 음료를 한 달에 10번만 사 먹어도 3~4만 원에 해당하는 음료비가 지출됩니다. 일 년으로 따지면 약 40만 원에 해당하는 금액입니다. 카페 음료의 단맛은 설탕이 아니라 '액상과당'과 '아스파탐' 같은 인공감미료입니다. 인공감미료는 뇌신경을 손상시킬 뿐 아니라 여러 부작용이 있어 섭취를 자제하는 것이 여러모로 이득입니다. 최고의 음료는 '물'입니다. 텀블러를 들고 다니며 물을 먹거나 티백 등을 이용하면 음료 비용을 아껴서 투자자금을 만들 수 있습니다.

넷째, 아르바이트비를 허무하게 소비할 바에야 하지 않는 것이 낫습니다.

학생들 중 아르바이트를 하는 학생들이 여럿 있습니다. 자신이 돈을 벌어 실컷 써보자 하는 마음에 아르바이트를 하는 학생들을 많이 봤습니다. 그런데 정작 아르바이트를 하느라 피곤해서 아침에 지각을 하다보니 결국 아침에 택시를 타며 힘들게 번 아르바이트비를 쉽게 써버리는 모습을 많이 봅니다. 또한 아르바이트로 지친 몸과 마음에 보상을 준다며 각종 유흥 및 외식에 힘들게 번 돈을 쉽게 써버리고 맙니다. 그렇게 탕진하는 재미를 알아버린 학생들은 아르바이트를 포기할 수가 없습니다. 왜냐하면 수입이 줄어들어 버린다면 돈 쓰는 재미를 포기해야 하므로 우울증이 찾아오기 때문입니다. 아르바이트비로 씀씀이가 커지게 되면 이후 씀씀이를 줄이기 매우 어렵기 때문에 소비 습관이 안 좋아질 확률이 높습니다. 차라리 아르바이트를 하지 않는 것이 낫습니다. 물론 확실한 목표 의식을 갖고 아르바이트비를 예·적금으로 잘 모으거나 안전한 단기채권 등에 투자하여 종잣돈을 만들면 훌륭한 투자자금이 만들어집니다.

다섯째, 물건 분실이나 파손 등으로 인한 지출 비용을 줄여야 합니다.

생각보다 물건 분실이나 파손 등으로 비용 지출을 하는 경우를 많이 보게 됩니다. 과거에 비해 상대적으로 풍요로워진 대한민국에서 누구나 돈만 있으면 손쉽게 공산품을 구매할 수 있게 되다 보니 물건을 소중히 다루지 않는 학생들이 늘어난 것을 느끼고 있습니다. 신학년도가 시작하기 전에 교실을 청소하다 보면 수많은 학용품과 실내화, 각종 신발, 운동용품, 생활용품(칫솔 치약 세트), 심지어는 악기에 동전들까지 무수한 물건들을 발견할 수 있습니다. 물건 대다수는 깨끗하고 심지어 새것들도 있습니다. 결국 이러한 물품은 새로 구매해야 하는 상황에 놓이게 되고 이는 불필요한 소비로 이어지게 됩니다. 막상 돈을 많이 벌고 또 용돈을 많이 받고 있지만 매달 돈이 부족한 상황에 놓이게 되는 것이 바로 이러한 작은 소비를 막지 못해 발생합니다. 주위를 살펴보았을 때 어려운 상황에 놓인 친구들이 오히려 작은 소비를 쉽게 하는 것을 목격하곤 합니다. 작은 돈을 잘 다루지 못하는 친구들은 이후 큰돈도 잘 못 다루게 될 확률이 높습니다.

02

당부하고
싶은 말

마지막으로 당부하고 싶은 말이 있습니다. 교직에 있으면서 암호화폐, 혹은 저작권, 주식투자 등 다양한 학생의 사례를 보거나 들은 적이 있습니다. 그러나 어떤 원칙이나 전략에 입각한 투자가 아니라 대다수 자신의 감에 의존한 모호한 판단을 하고 있는 경우가 많았습니다. 주식투자는 예금이나 적금처럼 원금이 보장되는 상품이 아니기 때문에 높은 이익을 얻기 위해 높은 리스크를 감수하는 상품입니다. 따라서 주식시장에 대해 잘 알아보지 않고 감이나 다른 사람의 말에 의지하여 투자하는 방법은 지속하기 어렵습니다. 반드시 자신만의 원칙과 철학이 있어야 주식시장에서 살아남을 수 있습니다. 검증된 전략 없이 자신의 감에 대한 과잉 확신으로 질이 나쁜 대출(미수, 신용 등)을 잔뜩 끌어다 쓰는 건 인생을 파멸의 지름길로 몰아갈 수 있는 최악의 선택이니 정말 주의해야 합니다. 또한 가치투자, 기술적 투자, 퀀트 투자든 자신만의 확고한 투자방식을 확립해야 합니다. 투자 철학이나 가치관이 명확하지 않은 투자자는 시장의 소음에 휩쓸리다 결국 도태되기도 합니다.

특정 기업에 대단한 확신을 갖고 있다 하더라도 두세 종목 이내에 자신의 전 재산을 몰빵하는 것은 극히 조심해야 합니다. 우리나라에서는 아무리 훌륭한 기업이라도 직원의 배임이나 횡령과 같은 예측 불가능한 사건이 일어나므로 특정 기업에 비중을 과다하게 높이는 것은 매우 위험한 일입니다.

100만 원으로 20% 수익을 올리는 것보다 1,000만 원을 가지고 10% 수익을 올리는 것이 자산의 증가 속도가 훨씬 빠릅니다. 즉 종잣돈을 만들기 위해 젊을 때는 불편함을 감수해야 합니다. 소비의 이연 없이 현재의 삶을 살아가고자 한다면 투자를 위한 종잣돈을 만들 수 없습니다. 투자 금액이 일정 이상 커지면 어느 순간부터는 자본소득이 노동소득을 추월하는 순간이 옵니다. 자본소득은 100세 인생을 살아가기 위해 매우 중요한 소득원이므로 절대 소홀히 해서는 안 됩니다.

주식투자를 할 때는 단기간 내에 쓸 자금으로 투자해서는 절대 안 됩니다. 예를 들어 1년 뒤 사용해야 할 결혼자금이나 2년 안에 써야 할 전세자금 등은 주식시장의 침체시기가 장기화되면 자칫 회복하지 못한 채 손해를 봐야 할 수 있습니다. 따라서 최소 3~5년 이상 사용하지 않을 여윳돈을 가지고 투자에 임하면 주식시장의 변동성에 심리가 덜 흔들릴 수 있습니다. 하지만 단기자금으로 투자에 임할 경우 조급함과 불안함으로 투자를 망칠 수 있습니다.

주식투자는 적은 금액으로 일찍 시작해 보는 것을 권합니다. 적은 금액이라도 투자해야 경제와 금융을 공부하게 됩니다. 또한 적은 금액은 어느 정도의 손실이 나더라도 금액이 적다고 치지만, 성인이 되어 초보 투자자가 많은 금액을 투입하여 손실이 나게 되면 이후 경제적, 심리적 타격은 클 수밖에 없습니다.

투자를 일찍 시작하게 되면 적은 금액으로 금융시장에 대해 많은 것을 느끼고 터득할 수 있습니다. 자신의 자금이 투입되지 않으면 공부하지 않습니다. 자금이 투입되어야 공부할 필요성을 느끼게 됩니다. 어린 시절부터 경제의 원리를 깨닫는 것은 자본주의 세상을 살아갈 사람들에게 큰 도움이 됩니다. 투자를 하는 것은 물론 위험한 행위일 수 있지만, 투자하지 않은 것도 화폐가치 하락으로 인한 자산 감소가 초래되므로 위험한 행위입니다.

마지막으로 투자에 성공한 대가들의 서적을 계속하여 탐독해 보는 것을 강력하게 추천합니다. 나보다 요리를 훨씬 잘하는 사람의 레시피를 따라 하기만 해도 어느 정도 맛있는 음식이 완성됩니다. 나보다 대단한 업력의 투자 대가들의 투자 방법들을 따라 하면서 자신의 스타일을 확립해 나가시기를 바랍니다. 그 내용은 모두 책에 나와 있습니다. 그리고 그 책은 도서관에 있습니다. 도서관을 가까이하고 경제 서적을 많이 읽어야 합니다. 제가 읽은 200여 권의 책 중 여러분이 반드시 읽어봤으면 하는 추천 도서 목록을 다음 챕터에 첨부하니 꼭 읽어보기를 추천해 드립니다. 여러분의 삶이 행복하고 풍요롭기를 바랍니다.

꼭 읽어봤으면 하는
투자 서적

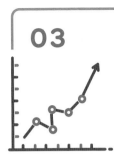

연번	제목	저자	출판사	요약
1	이웃집 워런 버핏, 숙향의 투자 일기(연평균 수익률 25%, 직장인 투자자의 든든한 은퇴 준비기)	숙향	부크온	20년간 시장수익률을 이겨온 아주 단순한 투자 방법에 대하여 설명한다. 저 PBR, 저 PER 주식 중 고배당 주식들만 선별하여 투자하는 방식으로 자신의 자산을 수십 배 불린, 개인적으로 존경하는 투자자이다. 직장과 투자를 병행할 수 있게 만든 가치투자의 비밀이 책 속에 담겨 있다.
2	이웃집 워런 버핏, 숙향의 주식투자 이야기(더욱 진화해 돌아온 투자 고수, 숙향이 안내하는 경제적 자유의 길)		한즈미디어	
3	퀀트 투자 무작정 따라하기	강환국	에프앤미디어	주식시장에서 계량화(수치화)할 수 있는 정량적 지표들로 전략(알고리즘)을 세워 주식을 매수하는 퀀트 투자에 대하여 일반인들도 읽기 쉽게 쓰여 있다. 특정 규칙 기반 투자로 알려진 퀀트 투자는 기술적 투자 방식에 비해 직장과 병행하기가 쉬우며 백테스트 툴(ex. 퀀트킹)을 이용한 과거수익률 추산을 통해 전략의 성공 여부를 판단할 수 있다. 본인(선생님)은 현재 이 방식을 활용하고 있다.
4	하면 된다, 퀀트 투자		에프앤미디어	
5	거인의 포트폴리오		페이지2	정적자산배분, 동적자산배분 등 자산배분 전략에 관하여 초보자의 눈높이에 맞게 풀어쓴 책이다. 수익률은 높이고 MDD를 낮추어서 향후 손실을 줄이는 투자를 하기 위한 필수 도서이다.

6	재무제표 모르면 주식투자 절대로 하지 마라(만화책)	사경인	베가 북스	증권맨들의 회계 선생님인 사경인 회계사님의 책이다. 주식의 기본은 재무 상태를 보는 것이다. 재무도 모르고 주식을 사는 것은 땅을 직접 보지도 않고 매수하는 것과 똑같다. 보지도 않고 매수한 땅이 낭떠러지나 갯벌이라면 어떠한가? PER, PBR, ROE, EPS가 뭔지 대답 못 한다면 지금 당장 읽어야 한다.
7	사경인의 친절한 투자과외		교보 문고	사경인이 자신의 가족(아내, 투자초보)에게 자신이 없어도 투자를 이어 나가게끔 하기 위해 친절하게 투자에 대하여 풀어 쓴 책이다. 아내와 대화체로 구성되어 있어 읽기 쉽고 초보 투자자의 눈높이에 딱 맞는 다양한 ETF와 자산 배분에 대하여 설명한다.
8	돈의 속성	김승호	스노우 폭스 북스	돈이 인생의 전부는 아니지만 살아가면서 어쩔 수 없이 공생해야 한다. 돈이란 놈은 어떤 놈인가? 돈에 대한 감각을 익힐 수 있는 아주 좋은 책이다.
9	만화로 보는 한국형 가치투자 전략	최준철	페이퍼 로드	한국에서 꾸준히 가치투자를 실천하고 있는 VIP자산운용사의 대표인 최준철 님의 책이다. 서울대 재학시절부터 꾸준히 가치투자를 실천해 오고 있으며 현재 약 1조 원의 자금을 운용 중이다.
10	전설로 떠나는 월가의 영웅	피터 린치	국일 증권 경제 연구소	전설적인 펀드매니저 피터 린치의 책이다. 린치는 일상생활 속에서 발굴한 기업에 투자하는 기법으로 연평균 29%의 복리 수익률로 원금을 28배로 늘린 전설적인 투자자이다. 일반인들도 일상생활 속에서 충분히 매력적이고 성공 가능한 기업을 발견할 수 있다.
11	이기는 투자		교보 문고	
12	구루들의 투자법(대가들이 말하는 가치투자의 정석)	찰리 티안	이콘	구루닷컴을 운영하는 찰리티안의 저서이다. 수익을 내는 기업과 적자 기업의 주식투자 수익률 차이를 극명히 보여주는 분석 결과를 토대로 어떤 기업에 투자해야 하는지를 알려준다.

13	위대한 기업에 투자하라	필립 피셔	굿모닝 북스	벤저민 그레이엄과 함께 워런 버핏의 스승이다. 현재의 워런 버핏을 있게 한 전설적인 투자자의 고서이다.
14	현명한 투자자(벤저민 그레이엄이 직접 쓴 마지막 개정판)	벤저민 그레이엄	국일 증권 경제 연구소	지금도 존경받고 있는 전 세계에서 가장 위대한 투자자 중 한 분이다. 워런 버핏이 "나의 투자는 80%가 벤저민 그레이엄에서 나온다"라는 말을 할 정도로 존경하는 인물이다.
15	엄마, 주식 사주세요	존 리	한국 경제 신문	전 메리츠증권 대표로 한국에서 주식 전도사로 열심히 강의를 다니는 분이다. 외국에 비해 금융에 대해 눈을 뜨지 못한 분들에게 새로운 지평을 열어준 분이라 생각한다.
16	데이비드 드레먼의 역발상 투자	데이비드 드레먼	이레 미디어	시장의 인기주와는 반대인 재무가 튼튼한 소외주(저 PER, 저 PCR, 저 PBR)에 투자함으로써 시장을 초과한 수익률을 올리는 방법에 대하여 소개한다.
17	바빌론 부자들의 돈 버는 지혜	조지 사무엘 클라슨	국일 미디어	얄팍한 지갑에서 벗어나기 위한 7가지 비결이 제시된다. 지출을 관리하고 투자를 해야 한다는 마인드 세팅을 위한 책이다.
18	박 회계사의 재무제표 분석법	박동흠	부크온	기업의 재무상태를 알기 위해 반드시 읽어야 할 책이다. 각종 재무관련 지식부터 실전투자를 위한 지식을 망라해 놓은 책이다.
19	주식시장을 이기는 작은 책	조엘 그린블라트	알키	자본수익률(ROC)과 이익수익률(EVIT/EV)만을 가지고 시장수익을 능가하는 결과를 보여주는 책이다. 투자자에게 필요한 것은 단지 확신과 인내심이다.
20	시장의 마법사들	잭 슈웨거	이레 미디어	월스트리트 탑 트레이더들과의 인터뷰집이다. 책에는 막대한 수익을 올린 17인의 트레이더의 인터뷰가 수록되어 있다. 성공한 트레이더는 시장에서 어떤 방법을 사용했는지 다른 트레이더들에게 어떤 조언을 해주고 싶은지가 기록돼 있다.

21	돈, 뜨겁게 사랑하고 차갑게 다루어라	앙드레 코스톨라니	미래의 창	유럽의 워런 버핏, 헝가리 출신의 전설적인 투자자 코스톨라니의 저서이다. 그는 언제나 돈과 일정한 거리를 두었고, 이것이야말로 투자자로서 성공하기 위한 가장 기본적인 원칙이라고 생각했다. 하지만 동시에 코스톨라니는 돈이 선사하는 재정적 독립을 사랑했다. 그에게 돈이란 인생에서 건강 다음으로 가장 중요한 선물이자 보물이었다.
22	주식에 장기투자하라	제레미 시겔	이레미디어	'장기투자를 하게 된다면 주식만큼 수익이 높고 위험도가 낮은 자산은 없다'라는 것을 데이터를 바탕으로 증명한다.
23	광기, 패닉, 붕괴 – 금융위기의 역사	찰스 킨들버거 · 로버트 알리버	굿모닝북스	이 책은 튤립 버블부터 지난 400년간 발생한 수십 차례의 거품을 분석한 책이다. 주식시장의 광기에 휩쓸리지 않기 위해 꼭 읽어야 할 책으로 추천한다.
24	주식투자 최적의 타이밍을 잡는법	스탠 와인스타인	플로우	주식투자 전략을 크게 두 가지로 보자면 기업의 펀더멘털을 보는 기본적 분석과 차트를 보는 기술적 분석이다. 이 책은 주식 주기 4단계에 따른 차트 읽기의 기본, 성공률을 높이는 주식 선택 방식, 손대지 말아야 할 주식 알아보는 법 등을 다룬다. 아마존 33년간, 국내 13년간 베스트 셀러이다.

주식투자 Q&A

01 Q&A

선생님의 주식투자 수익률은
어떻게 되는지 궁금해요!

    저 같은 경우 매년 꾸준히 수익을 내었고 2022년 약간의 손실을 보았습니다. 코로나19로 인한 폭락과 2022년 하락장을 무사히 지나갈 수 있었던 것은 바로 증권사 대출을 사용하지 않았기 때문입니다. 증권사 대출은 주가 하락기에 헐값으로 반대매매를 당하는 일이 생길 수 있습니다. 내가 보유한 주식이 좋은 주식이라면 해당가치는 언젠가 반드시 인정받기 마련입니다. 다만 그 기간까지 보유하기 위해서는 반드시 내 돈을 가지고 투자해야 합니다. 코로나 폭락 사태 때도 주시하고 있던 기업의 주가가 급락하는 것을 보고 분할 매수한 것이 향후 큰 수익이 되어 돌아왔습니다. 특히 현대차의 정의선 부회장이 코로나 사태로 인하여 주식을 사들이는 내부자 매수 공고를 DART에서 확인한 후 현대차를 추격 매수하였고 이는 1년 만에 100%의 수익을 안겨주게 되었습니다. 이 외에 파세코, 한독크린텍, 2차전지 ETF로도 각각 100% 정도의 수익을 내었습니다. 이후 꾸준히 수익을 내었지만 점차 지수의 수익률을 앞지르기 어려운 점에 대하여 깨닫게 되었습니다. 수익을 내었지만, 막상 지수를 이기지 못했던 것입니다. 그때부터 지수를 이기는 방법을 모색해보다 퀀트 투자의 길로 입문하게 되었습니다. 퀀트 투자는 일명 '레시피 투자'라고 하여 특정 로직의 과거 수익을 추정해 볼 수 있으므로 미래를 예측하는 데 있어 상대적으로 다른 투자에 비해 우월하다고 생각합니다. 퀀트투자를 하면서 지수 이상의 수익률을 보여주며 투자금은 2020년에 비해 2배 이상으로 늘어나게 되었습니다. 퀀트투자 외에도 가치투자와 배당성장주 투자를 병행하고 있으며 이는 시간이 지날수록 황금알을 낳는 거위가 될 것으로 생각합니다.

퀀트 투자 플랫폼에는
어떤 것들이 있나요?

과거 퀀트 투자는 코딩을 잘하는 사람들의 전유물로 여겨졌던 때가 있었습니다. 하지만 최근 퀀트 투자를 지원하는 플랫폼이 늘어나면서 일반인도 쉽게 퀀트 투자를 접할 수 있습니다. 퀀트 투자를 지원하는 플랫폼은 현재는 젠포트, 퀀트킹, 퀀터스, 퀀트박스 등이 있습니다. 각 플랫폼별로 장단점이 있습니다. 젠포트 같은 경우 단기투자 위주의 전략을 짜기에 유리한 플랫폼이나 초보자들은 수식 활용 등이 어려워 초보자에게는 추천하지 않습니다. 중장기 전략 개발 위주의 퀀트킹과 퀀터스 등을 추천합니다. 퀀터스는 웹 기반이라 편하기는 하지만 퀀트킹에 비해 백테스트의 속도가 느린 점이 아쉽습니다. 퀀트킹 같은 경우 네이버 퀀트킹 카페(https://cafe.naver.com/quantking)를 통해 사용자 및 운영자 간의 활발한 소통이 큰 강점이라고 할 수 있습니다. 사용 중 오류나 궁금한 점을 카페를 통해 질의시 즉각 응답받을 수 있는 점이 편리합니다. 퀀트킹 같은 경우 로직을 만

들기 어려워하는 초보자를 위해 퀀트킹에서 추천하는 로직들이 엄선

되어 있으며 이러한 로직으로 직접 투자하는 것도 가능합니다.

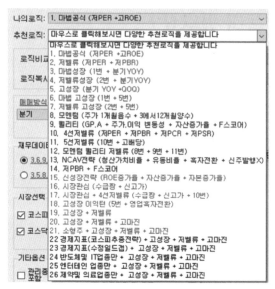

그림 85 퀀트킹이 제공하는 추천 로직

퀀트킹 사용료는
얼마인가요?

  퀀트킹 같은 경우 한국에만 투자가능한 퀀트킹 한국버전과 미국
에도 투자가능한 퀀트킹 미국버전이 있습니다. 퀀트킹 한국버전은
3개월 비용이 2023년 기준 79달러(약 10만 원), 1년 비용이 170달
러(약 22만 원) 정도이고 2년 결재인 경우 10% 할인되어 306달러(약
40만 원)에 이용이 가능합니다. 미국과 한국 퀀트를 모두 사용할 수
있는 올인원 패키지 상품은 1년 기준 270달러(35만 원가량)입니다.
퀀터스 같은 경우 올인원 패키지 상품이 1년 기준 47만 9,000원입
니다.

04

퀀트 투자에서 좋은 로직을
만들기 위해서는 어떤 요소들을
활용해야 하나요?

퀀트 투자 프로그램으로 좋은 기업을 추출하기 위해서는 재무제표에 관한 책을 읽어보는 것이 좋습니다. 간단하게 퀀트킹에서 로직을 만드는 요소들을 살펴볼 것인데 이러한 요소들을 '팩터'라고 합니다. 팩터들의 종류는 거시경제부터 기업의 펀더멘털을 아우르기까지 종류가 수백 가지가 넘어가기 때문에 이러한 요소들을 활용하여 수백만 가지 이상의 투자 전략을 만들어 낼 수 있습니다. 여기에서 모두 설명할 수는 없고 간단히 설명해 보겠습니다. 예를 들어 수익 대비 가격이 싼 기업만 선별하고 싶다면 밸류 카테고리 안에 있는 팩터들을 사용하면 됩니다. 모든 팩터들을 일일이 공부할 필요는 없으며 마우스를 갖다 대기만 하면 팩터에 대한 설명이 나옵니다.

예를 들어 PSR은 시가총액을 연간매출액으로 나눈 값으로 PSR이 낮은 기업일수록 매출액 대비 시가총액이 낮게 형성되어 있으니 저평가 되어 있는 것입니다. 그 외에 본문에서 공부했던 PER이나

PBR도 보이는 것을 확인할 수 있습니다.

그림 86 퀀트킹의 다양한 팩터들

항목	GP/A(%)	PCR	분기 매출액 증가율(% YOY)	분기 영업이익 증가율(% YOY)
Ex.삼성전자	25.02	6.85	-7.97	-68.95
필터식 항목	필터식	필터식	필터식	필터식
상하위 % (값기준)				
최소값,이상				
최대값,이하				
점수식 항목	점수식	점수식	점수식	점수식
항목별비중	20	20	20	20
정렬방식	높은순서	낮은순서(음수보정)	높은순서	높은순서

그림 87 성장 가치주 전략의 항목별 비중

그리고 성장성 카테고리를 보면 전년도 동일 분기대비 매출액, 영업이익, 순이익 증가율을 팩터로 활용할 수 있습니다. 점수식을 모두 20점으로 주었는데 모두 동일 비중으로 점수를 측정하겠다는 의미입니다. 모두 20점으로 주나 모두 30점으로 주나 똑같은 의미입니다. 전부 20점으로 두고 어느 하나의 팩터를 40점을 준다면 해당 팩터만 2배의 가중치를 주어 점수로 환산하겠다는 의미입니다.

기업의 실적 성장을 확인하는 법!

기업의 실적은 보통 분기 단위별로 평가합니다.

1분기는 1월~3월, 2분기는 4~6월, 3분기는 7~9월, 4분기는 10~12월입니다. 보통 QOQ라 함은 바로 이전 분기 대비한 성장률을 의미합니다. 예를 들면 2023년 2분기 매출액을 바로 전 분기인 2023년 1분기와 비교한 것을 의미합니다. 그에 반해 YOY는 전년도 동일 분기와 비교합니다. 예를 들어 2023년 2분기 매출액을 바로 전년도 2022년 2분기와 비교하는 것입니다. 기업에는 일 년 중 성수기와 비수기가 있으므로 기업의 매출액이나 영업 이익 성장을 보기 위해서는 전년도 동일 분기(YOY)와 비교하는 것이 좀 더 정확하다고 볼 수 있습니다.

전년도 대비 성장성이 좋은 기업을 찾고자 할 때 활용할 수 있습니다. 수익성 카테고리에 보면 여러 가지 수익성 팩터들이 보이는데 우리가 배웠던 ROE뿐만 아니라 GP/A같은 팩터들이 있습니다. GP/A 팩터는 매출총이익을 자산으로 나눈 값으로, 높을수록 자산 대비 매출총이익이 높은 기업입니다. 이러한 요소들을 활용하여 저평가되어 있으면서 수익성이 높고 전년 대비 성장성이 높은 기업을 추출할 수 있습니다. 그리고 이렇게 과거에 투자했다면 어느 정도의 수익을 거둘 수 있는지도 확인할 수 있습니다. 과거의 성과를 확인할 수 있다는 점이 퀀트 투자의 큰 매력 중 하나입니다.

05

퀀트 투자자가 늘어날수록
초과수익이 줄어드는 것 아닌가요?

이 부분은 저도 어느 정도 동의합니다. 퀀트 투자에서 소형주(시가총액 하위 20%, 예를 들어 시가총액 순으로 1등부터 2400등까지 줄을 세울 때 뒤에서 480개의 기업을 뜻함.)에 투자하며 동시에 성장 및 가치 요소를 고려하다 보면 퀀트 투자를 하는 사람 중에 많은 사람의 종목이 겹치리라 예상됩니다. 전략이 노출되다 보면 장기적으로 수익률이 떨어질 가능성이 있습니다. 물론 이 부분은 시간이 지나 봐야 깨닫게 되는 것이므로 예단하기는 힘듭니다. 하지만 가능성이 있기 때문에 퀀트 투자를 할 때 한두 가지 전략에 자산을 집중해서는 안 될 것입니다. 시가총액 상위주식과 하위 혹은 중위주식에 전략을 각각 세워 분산 투자해야 이런 위험을 피해 갈 수 있을 것입니다. 미국 같은 경우는 퀀트 투자가 어느 정도 대중화되어 있으며 시스템 트레이딩이 보편화되어 있으므로 퀀트 투자로 얻을 수 있는 성과가 한계가 있다고 알고 있습니다. 우리나라는 최근까지 소형주 퀀트의 성과가 매우 좋았으나 앞으로도 좋으리라고 전망하기는 어렵습니다. 하지만 재무적으로 좋은 주식을 선별해 내는 필터링 도구로서의 역할은 여전히 훌륭합니다. 그리고 내가 생각한 전략이 과거에도 유효했는지 살펴보는 것은 앞으로의 성공을 위해 매우 중요한 과정입니다. 우리가 역사를 배우는 이유도 과거의 역사를 통해 미래를 통찰하기 위함이듯, 투자 역시 그렇게 해야 성공의 확률을 높일 수 있습니다. 반드시 투자 전에 내가 생각한 전략이 좋은 전략인지 검증해보는 과정을 거치길 바랍니다.

06 Q&A

퀀트 투자를 하면 무조건
초과수익을 얻을 수 있을까요?

퀀트 투자를 한다고 하여 무조건 초과수익을 얻는 것은 아닙니다. 현재 선생님이 운영하는 퀀트 전략도 승률 60~70% 정도의 전략입니다. 10달을 운영한다면 서너 달은 손해를 보고 6~7달은 이익을 보는 전략이지요. 퀀트를 시작하는 시기에 우연히 패배하는 기간이 겹친다면 인내심이 적은 사람은 퀀트를 지속하지 못하고 포기할 확률이 높습니다. 지수가 계속하여 빠지는 시기, 특히 일 년 이상 마이너스를 기록하는 기간이 있기도 합니다. 그렇지만 장기적으로 백테스트의 승률에 수렴하지 않을까 짐작할 뿐입니다. 가치투자와 퀀트 투자 모두 인내심과 자신의 전략에 대한 확신이 없으면 지속하기 힘들 뿐입니다. 주사위를 던졌을 때 1이 나올 확률은 1/6이지만 정말 6번 던지면 1이 한 번만 나오나요? 전혀 나오지 않을 때도 있고 어떤 경우는 1이 연속으로 몇 번 나오는 경우도 있습니다. 하지만 주사위를 600번 던지면 1이 나오는 경우가 100에 근접할 것이고 주사위를

6000번 던지면 1이 나올 경우가 1000번에 근접할 것입니다. 투자에 100%라는 것은 없으며 일반 투자보다 이길 확률이 높은 전략을 반복하여 적용하는 것이 투자 세계에서 이익을 볼 수 있는 가장 좋은 방법이라 생각합니다.

07

선생님은 투자할 때
차트는 안 보시나요?

우리나라 대다수 개인 투자자분들은 차트를 보고 투자한다고 들었습니다. 이렇게 차트를 분석하여 투자 결정을 내리는 방법을 '기술적 투자'라고 합니다. (기업의 재무 상태, 영업이익 등을 보고 투자를 결정하는 것은 기본적 투자라고 합니다.) 차트에 관해 쓰여진 다양한 책들이 있고 우리나라 대다수 개인 투자자들은 차트를 통해 주가를 예측하려 합니다. 하지만 우리나라 개인들의 수익은 다들 알다시피 처참합니다. 가치 투자자라고 알려진 워런 버핏은 "차트를 통해 알수 있는 것은 과거와 현재까지다"라고 말할 정도로 차트를 중요시 여기지 않았습니다. 기술적 투자의 대가들은 차트에 이미 모든 사람들의 심리, 수급, 주가 등이 반영되어 있어서 차트를 잘만 분석한다면 주가를 예측할 수 있다고 생각합니다. 이에 대한 선생님의 의견은 "차트를 무시하는 것도 조심해야 하지만 그렇다고 맹신해서도 안 된다"입니다. 차트를 활용해 성공한 트레이더들이 존재하고 현재의 주가가 과거 대비 어느 정도인지 파악을 하려면 차트를 활용해야 합니다. 또한 현재 주가의 추세가 상승 추세인지 하락 추세인지 파악을 하기 위하여도 차트가 필요합니다. 투자에 있어서는 생각이 열려 있는 유연한 자세가 필요합니다. 투자에 정답은 없기 때문입니다. 투자 철학을 가져야만 주식시장에서 살아남을 수 있지만 그렇다고 고집스러운 투자자가 될 필요는 없습니다. 무엇보다 중요한 것은 주식시장에서 살아남아 돈을 버는 것이니까요. 그래서 앞의 추천 서적에 차트와 관련된 책도 한 권 살포시 끼워 놓았습니다. 늘 투자에 관해서 앞뒤가 열려 있는 유연한 투자자가 되십시오.

08

선생님은 해외주식도
투자하시나요?

저도 미국 주식을 퀀트 투자로 시도해 본 적이 있습니다. 하지만 퀀트 투자가 발달한 미국에서 초과수익을 얻기는 생각보다 쉽지 않다는 것을 느꼈습니다. 현재는 미국 주식 개별주 투자는 하지 않고 있습니다. 그 이유는 언어의 차이로 인하여 미국 개별주에 대한 투자정보를 판단하는 데 있어서 어려움이 있다고 생각합니다. 또한 부족한 정보로 매수매도 판단을 내리기에는 부적절하다고 생각하기 때문입니다. 따라서 미국 주식은 ETF로만 투자하고 있으며 지수 및 배당성장 ETF에 투자하고 있습니다. 과거 훌륭한 퍼포먼스를 보여주고 안정적인 배당성장을 보여준 ETF를 선택하여 투자하는 것은 마음이 편한 투자를 가능케 해줍니다. 게다가 달러로 된 자산을 보유하는 것은 자산 분배 차원에서도 매우 좋습니다. 특히 세계 경기가 안 좋은 경우 안전자산인 달러의 가치가 상승하여 자산의 손실 위험을 줄이는 역할을 하기도 합니다.

09

선생님의 자녀도
주식투자를 하나요?

저의 자녀 역시 증권계좌가 있습니다. 제 자녀 두 명 모두 증권계좌를 만들었는데 아직은 너무 어려 직접 투자하지는 못하고 제가 직접 매달 조금씩 증여하여 적립식 투자를 진행하고 있습니다. 저도 공무원 급여를 받는 사람인지라 매달 절약하지 않으면 투자할 여력이 없습니다. 따라서 자녀의 사교육비를 효과적으로 지출하기 위해 노력합니다. 우리나라는 매년 출산율이 줄어들고 학생 숫자가 줄어듦에도 불구하고 매해 사교육비 신기록을 경신하고 있습니다. 얼마 안 되는 자리로 경쟁하다 보니 교육비에 비효율적인 부분이 발생하고 이는 부모의 노후 불안 및 자녀 세대의 경제적 독립을 지연시키고 있습니다. 그래서 저는 교과서나 문제집을 활용하여 가정 내에서 복습 위주의 자기주도학습을 진행하며 절약한 사교육비로 자녀의 계좌에 매달 적립식으로 주식을 매수하고 있습니다. 국내 배당주 및 미국 배당성장 ETF 등을 사 모으고 있으며 나중에 자녀들이 성장하였을 때 증여할 생각입니다. 어떤 것이 자녀에게 도움이 될지 부모와 자녀가 신중히 생각해 봐야 할 부분입니다. 각종 정보매체와 온라인 수업의 발달로 많은 사교육비를 들이지 않고도 꽤 훌륭한 교육 효과를 낼 수 있는 플랫폼들이 다양하게 존재하는 세상입니다. 무의미하게 사교육비를 지출하면서 가정의 경제적 위기를 재촉하고 있는 것은 아닌지 생각해 봐야 합니다. 우리나라는 노인빈곤율 1위의 국가입니다. 향후 급속도로 고령화가 진행될 것인데 과한 사교육비가 노인 빈곤을 부채질하고 있습니다. 교육은 물론 중요하지만 보다 효과적으로 하는 것이 더 중요하다고 생각하고 있습니다.

10

주식투자를 섣불리 시작하기
무서운데 다른 방법이 없을까요?

주식투자를 막상 처음 시작하려고 하면 계좌도 개설해야 하고 번거로운 과정이 조금은 있습니다. 증권사에 방문해도 되지만 막상 발걸음이 떨어지지 않고 최근 자녀 비대면 계좌개설도 가능하다고 하지만 이 역시 마음이 쉽게 떨어지지 않습니다. 이럴 때는 모의투자 어플리케이션을 다운받아 진행해 보면 됩니다. 플레이스토어에 'STOCKER'라고 검색하면 모의투자 어플이 검색됩니다. 이 어플에서는 가상의 기본금액 1,000만 원을 주는데 이를 활용해 주식매매를 할 수 있습니다. 실제 주식시장과 연동하여 주가가 움직이므로 이를 활용해 자신의 투자 실력과 성과를 점검해 볼 수 있습니다.

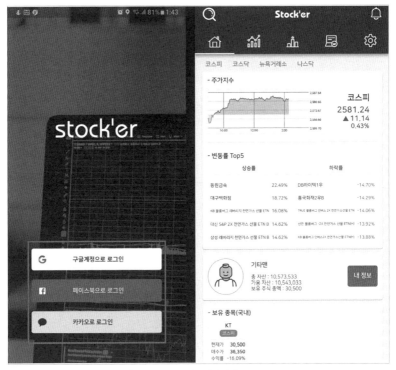

그림 88 모의투자 어플리케이션, STOCKER

11

주식투자를
꼭 해야 하는 건 아니잖아요?

맞습니다. 주식투자를 꼭 해야 한다는 강박을 가질 필요는 없습니다. 사람의 성향에 따라 안전자산을 선호하기도 하기 때문입니다. 하지만 투자라는 행위 자체는 화폐 가치의 하락으로 인해 반드시 필요합니다. 주식투자는 다른 자산에 비해 높은 수익을 가져다줄 수 있지만 주식시장의 하락기에 심리적 스트레스가 다른 자산에 비해 클 수 있다는 사실을 염두해 두어야 합니다. 그리고 이렇게 심리적 스트레스를 받아 가며 투자했는데 수익이 은행 예금 수준에 그친다면 주식투자를 지속할 이유가 없는 셈입니다. 주식투자 외에도 은행 예금과 적금, 채권투자, 부동산 투자 등 다양한 투자의 방식이 있고 자신의 투자 성향에 맞는 방법들이 존재합니다. 따라서 다양한 방법에 대해 충분히 공부한 뒤 자신만의 투자 방법을 찾아가면 됩니다. 중요한 것은 투자를 하기 전 충분한 공부는 필수라는 사실입니다.

채권투자는
어떻게 하는 건가요?

채권투자에 대해 초보자가 알기 위해서는 책을 한 권 읽는 것을 추천합니다. 제가 추천하는 책은 《채권투자 처음공부》(포프리라이프)라는 책입니다. 채권투자에 관한 내용이 일반인의 눈높이에 맞게 서술되어 쉽게 읽을 수 있습니다. 채권이란 돈을 빌려준 사람이 돈을 받을 수 있는 권리를 말합니다. 내 돈을 나라에게 빌려주면 나라는 '국채'라는 채권을 발행해 나에게 주고 경상남도 같은 지방자치단체에게 돈을 빌려준다면 지방자치단체는 '지방채'라는 채권을 발행해 줍니다. 회사에 돈을 빌려준다면 회사는 나에게 '회사채'라는 채권을 발행해 줍니다. 그런데 채권을 발행할 때 돈을 빌려주는 대가로 주기적으로 당신에게 이자를 주겠다는 내용을 증서에 적어서 발행합니다. 매년 이자를 주다가 만기가 되면 원금을 상환합니다. 이것이 바로 채권인 것입니다.

특히 국채나 지방채는 국가부도가 나지 않는 이상 대단히 안전한 자산이므로 안전자산을 좋아하는 사람들은 이러한 채권에 투자하여 중앙 및 지방정부로부터 안전하게 이자를 받는 투자 방법을 선호합니다. 이보다 이자를 더 많이 주는 채권은 '회사채'입니다. 하지만 회사채는 부도 위험이 있으므로 회사별로 신용평가기관에서 신용등급을 매깁니다. 신용등급이 낮아질수록 채권구매 시 받을 수 있는 이자는 더욱 커집니다. 위험하니 이자를 더 줘야 투자자들이 채권을 사는 게 당연한 원리이겠죠? 회사채에서 등급은 BBB등급 이상인 경우에만 투자 등급이라는 말을 붙이고 BB 이하의 등급에서는 투기 등급(junk bond)이라는 말을 붙여 투자자들에게 투자의 위험성에 대하여 경고합니다. 채권도 주식투자와 동일하게 증권사 MTS(Mobile Trading System)나 HTS(Home Trading System)에서 매수 및 매도가 가능합니다. 채권에 대한 내용도 여기에서는 다 정리할 수 없고 앞에서 추천한 책을 읽어보기 바랍니다.

주식보다는 부동산에
투자하는 것이 낫지 않을까요?

우리나라의 가계 자산 비중은 무려 70% 이상이 부동산에 쏠려 있습니다. 2023년도 하락장에 전 국민의 자산이 5천만 원씩 증발했다는 관련 통계가 나왔습니다. 부동산 가격이 심하게 하락했기 때문입니다. 우리나라의 부동산 불패 신화는 과거부터 지금까지 굳건한 신념을 형성해 왔고 특히 강남 부동산 불패론에 대해서는 신념이 확고한 듯합니다. 과거 역사를 봤을 때 한국에서 가장 수익률이 높은 자산은 주식이었습니다. 주식이 약 7%, 서울아파트 약 6%, 전국아파트는 약 5% 정도였습니다. 하지만 부동산은 레버리지(대출)를 많이 쓰기 때문에 주식보다 수익률이 높은 것은 당연하였고, 개인이 부동산에 주거하는 가치까지 합한다면 부동산으로 창출한 부는 주식을 월등히 뛰어넘었을 것이라 생각합니다. 하지만 2022년 중후반부터 시작된 부동산 하락은 현재까지 진행되고 있고 앞으로 언제까지 진행될 것이라 장담할 수 없습니다. 레버리지를 잔뜩 낀 부동산은 조금만 올라주어도 레버리지(지렛대) 효과로 빠른 속도의 자산증식 효과가 있지만 반대로 조금만 하락해도 가계 자산의 질이 크게 떨어지는 문제점이 있습니다. 부동산을 사지 말라는 소리는 아닙니다. 매번 임대로 이사 다니는 것도 가족에게 주거의 질을 떨어뜨리는 요인이므로 가족이 거주할 공간은 반드시 필요합니다. 피터 린치도 투자의 시작으로 실거주 부동산 1채를 언급하였습니다. 그만큼 안정적으로 주거하는 부동산 한 채는 필요하다고 할 수 있습니다. 하지만 투자의 대상으로 봤을 때는 부동산도 양극화 현상이 발생할 가능성이 높아 입지별로 신중히 검토하고 따져봐야 합니다. 주식과 부동산 중 하나에 투자하는 이분법적인 자세보다는 자산의 비중을 정하여 투자하는 전략을 세워야 좋을 듯합니다.

14 Q&A

매수한 주식의 가격이
내려가면 어떻게 하나요?

    주식을 매수했다면 주가가 반토막이 나는 경우도 흔합니다. 주가가 내려갔을 때 대처하는 방법은 자신이 지향하는 투자 방법에 따라 모두 다릅니다. 싼 가격에 주식을 매수하여 제 가치에 올 때까지 때를 기다리는 가치 투자자들은 주가가 내려가면 주식을 추가 매수하기도 합니다. 이를 두고 '물 탄다'라는 은어를 씁니다. 피터 린치도 좋은 주식을 살 때 시장의 과민반응으로 가격이 내려가면 이를 주식을 구매할 수 있는 좋은 기회라고 말합니다. 이와는 다른 스타일로 단기투자를 주로 하는 사람들은 손절(손해보고 매도하는 행위)선을 정해두고 일정 가격 이하로 주가가 하락할 시 자신이 정한 선에 따라 주식을 매도하기도 합니다. 퀀트 투자를 하는 사람들은 3개월에 한 번씩 혹은 한 달에 한 번씩 주식 종목을 교체하므로 손해 여부와 상관없이 정한 기간동안 주식을 보유하고 있다가 기간이 되면 기계적으로 사고팔기도 합니다. 주식 차트를 보는 분들은 주가가 이동평균선 아래로 떨어지면 매도하고 올라가면 매수하는 방식을 취하기도 합니다. 이에 대해 정답이 존재하지는 않기 때문에 자신만의 투자 방법과 철학을 확립하고 다양한 방식으로 연구해 봐야 합니다.

이동평균선이란?

일정기간 동안의 주가를 산술 평균한 값인 주가이동평균을 차례로 연결해 만든 선입니다. 주식시장에서 주가와 거래량 및 거래대금은 매일 매일 변하지만, 특정 기간을 놓고 보면 일정한 방향성을 지니죠. 이를 수치화한 것이 이동평균선(이평선)이고 장기(120일), 중기(60일), 단기(5, 20일) 이동평균선이 있어요. 주가이동평균선은 일정기간 동안의 주가를 산술 평균한 값인 주가이동평균을 차례로 연결해 만든 선으로, 주가의 평균치를 나타내는 지표가 되는 셈이에요. 기술적 투자자들에게 이 선들은 큰 의미가 있답니다.

출처: 네이버 지식백과

그림 89 5일, 20일, 60일 이동평균선

15

주가가 상한가를 치면
매도해야 할까요?

상한가 및 하한가를 모르는 친구들을 위해 잠시 설명하자면, 상한가란 하루 오를 수 있는 최대 상승폭을 뜻하며 하한가란 하루 하락할 수 있는 최대 하락폭을 의미합니다. 우리나라에서 상한가는 +30%로 정해놓았고, 하한가는 −30%로 정해놓았습니다. 미국 주식의 경우 상하한가 폭이 없어서 한국장보다 더 살벌한 시장이기도 합니다. 주식시장에 상장되어 있는 주식은 약 2,400개 정도가 되며 하루에 10여개 정도의 종목에서 상한가나 하한가가 나오기도 합니다. 주식투자를 하면서 상한가를 맞는 날은 매우 기분이 좋은 날입니다. 하루에 30%의 수익을 얻는 일이 좀처럼 쉽게 오는 일이 아니기 때문입니다. 기분은 좋지만, 고민에 빠집니다. 이 정도 수익을 보고 매도할지, 더 오를 수도 있으니 계속 가지고 갈지 말입니다. 이것에 대한 정답은 없습니다. 가치투자자의 경우 목표한 가격이 오면 매도하기도 합니다. 하지만 차트를 보는 추세추종 투자자의 경우 이동평균선을 보며 추가매수를 하기도 합니다. 분기별로 리밸런싱하는 퀀트 투자의 경우에는 개별종목에서 50% 수익이 날 경우에 분기별 리밸런싱 날짜 이전에라도 해당 종목을 매도하고 매도한 금액을 나머지 보유한 종목수에 맞게 1/n로 분배하여 각각의 종목을 추가 매수하는 것이 가장 높은 수익률을 낼 수 있다는 분석 자료가 있습니다. (퀀트킹 네이버 카페에 '곰발'이라는 닉네임을 가진 분이 쓰신 글에서 관련 정보를 얻을 수 있습니다.) 각자의 투자 방법에 따라 익절이 수익에 미치는 영향이 다를 수 있으니 열심히 연구하고 분석해 봐야 알 수 있습니다.

16

주식투자를 하면서
후회해 본 적은 없나요?

후회해 본 적은 없습니다. 오히려 좀 더 일찍 시작하지 못한 것에 대한 후회가 있습니다. 그 이유는 주식투자로 수익과 경제 공부라는 두 마리 토끼를 모두 잡았기 때문입니다. 머리말에 나온 내용이지만 다시 한번 반복하자면, 워런 버핏에게 어떤 사람이 "6세부터 돈에 관한 공부를 시켜도 되는가?"라는 질문을 하였습니다. 이에 대한 대답으로 버핏은 "이미 늦었다"라고 답변했다고 합니다. 주식투자를 하면서 후회해 본 것은 '왜 조금이라도 빨리 시작하지 못했을까?'입니다. 선생님도 이전엔 주식투자에 대해 부정적인 소식만을 들었습니다. 주식투자하다 망한 옆 마을 A 아저씨의 이야기, 주식투자로 큰 빚을 진 옆집 B 아줌마의 이야기 등등. 그래서 주식은 절대 손을 대면 안 되는 것인 줄 알았고 어렸을 때부터 부모님이 세뇌시킨 이 말들은 성인이 된 저에게도 영향을 주었습니다. 이러한 부정적인 감정으로 주식투자를 30대나 되어서야 시작하게 되었습니다. 하지만 수많은 독서를 통해 제가 깨달은 주식투자는 낯설고 위험한 것과는 다른 흥미진진하고 새로운 학문의 영역으로 다가왔습니다. 내 자금을 주식에 던진 이후에 경제에 관심을 갖게 되었고, 신문과 뉴스의 경제 소식이 내 삶에 더 생생하게 다가오는 것을 경험하게 되었습니다. 내 책상 위의 물건들을 하나하나 살펴보며 어떤 기업이 생산해 내고 있다는 것을 살펴봄으로써 경제가 돌아가는 원리를 차츰 깨닫게 되었습니다. 저는 앞으로도 주식과 관련된 독서를 계속해서 해나갈 예정이며 경제에 관심을 두고 주식, 채권 등 다양한 분야에 투자해볼 생각입니다.

17   Q&A

향후 경기침체 혹은 기준금리 인상이나 스태그플레이션이 발생할 경우, 그에 대비한 주식투자 시나리오가 있나요?

경기침체, 기준금리 인상, 스태그플레이션(경기 불황 중에도 물가가 계속 오르는 현상) 등은 주식시장에 많은 영향을 미칩니다. 그렇기 때문에 거시경제를 주목하지 않을 수는 없습니다. 하지만 이것으로 주가 움직임을 예측하기란 대단히 어려우며 제 능력 밖의 일이라 생각합니다. 피터 린치도 "거시경제 전망에 14분을 사용했다면 이 중 12분은 낭비했다"라고 하며 거시경제 예측은 무의미한 짓이라고 말하기도 하였습니다. 물론 거시경제 공부를 열심히 한 분들은 이에 맞게 대응하면 되겠지만, 저는 역부족이라 이 부분은 내려놓기로 하였습니다. 만약 거시경제를 분석하는 능력이 주식투자 수익률을 좌지우지한다면 우리나라에서 수익률이 가장 높은 분들은 바로 경제학과 대학 교수님들일 것입니다. 그러나 실상은 그렇지 않습니다.

그래서 단지 제가 하는 일은 주식투자의 계절성 지표에 따라 5~10월은 주식투자 비중을 조금 줄이고 11월~4월은 주식투자 비중을 조금 더 늘리는 것뿐입니다. 그리고 제가 운영하고 있는 퀀트 전략을 지속적으로 수행하며 자녀 계좌의 배당주 ETF를 매달 기계적으로 늘릴 뿐입니다. 물론 주식투자를 할 때 최대하락폭(MDD)은 각오해야 합니다. 제가 운영하는 전략의 최대하락폭은 약 −50% 정도 됩니다. 주식투자를 하면서 자주 일어나는 일은 아니겠지만 때로 운이 좋지 않으면 자산의 절반이 사라질 수도 있다는 뜻입니다. '사라지는 자산을 그대로 보고 있지만 말고 중도에 매도하면 될 것이 아니냐?'라는 의견도 있습니다. 이에 대한 백테스트 자료가 네이버 퀀트킹 카페에 여럿 올라와 있습니다. 결론은 MDD를 줄일 순 있으나 수익률도 함께 줄어들게 됩니다. MDD를 감내할 수만 있다면 매도하지 않고 전략을 그대로 지속하는 게 좋습니다. 다만 개인이 감내할 수 있는 수준에 한해서만 추천해 드립니다. 보통 일반 개인은 20%의 정도의 손실이 발생해도 손절을 하고 도망치는 경우가 허다합니다. 따라서 MDD를 줄일 수 있는 방법을 생각하거나, MDD 50%가 오더라도 감당할 수 있다라고 생각하는 만큼의 자산을 투입하여 투자를 계속해 나가는 방법이 있습니다. 저는 감당할 수 있는 만큼의 자산을 주식투자로 운영하기 때문에 MDD 50%도 각오하고 있는 편입니다.

우리나라 인구가 감소한다는데
국내주식 투자를 계속해야
하는지 궁금합니다.

인구 감소에 대해 많은 분들이 염려하고 있습니다. 특히나 내수시장 축소, 연금기금 고갈, 경제활동인구 감소 등 수많은 문제가 부작용으로 우려되고 있습니다. 이에 따라 기업활동이 위축됨으로써 국내기업의 성장이 정체된다면 이는 주식시장의 하락을 불러올 우려도 있습니다. 하지만 어디까지나 저의 예상일 뿐 이 예상이 맞다는 보장은 없습니다. 홍춘욱 박사님이 쓴《인구와 투자의 미래》를 읽어보면 인구가 감소한 수많은 나라의 사례가 나오지만, 장기불황을 겪은 나라는 일본밖에 없다는 것을 알 수 있습니다. 이 책에는 인구절벽이 가격을 붕괴시킨 직접적인 원인이 아니라는 내용이 서술되어 있습니다. 물론 이는 부동산 시장에 한한 이야기로 주식시장과 직접적인 관련은 없지만, 홍춘욱 박사님은 인구 감소 여부보다 버블인지의 여부가 더 중요하다고 합니다. 따라서 인구감소로 자산시장의 상승, 하락 여부는 쉽게 판단할 수 없는 것입니다. 미래를 알 수 없으므로 특정 국가에 자산의 비중을 높이기보다 여러 국가로 분산 투자하는 것이 필요해 보입니다. 특히 세계 경제가 어려워질 때 안전자산인 달러의 수요가 높아지므로 미국자산에 대한 분산은 필수입니다. 그리고 현재 달러를 대체할 만한 다른 기축통화가 출현할 가능성은 적은 편입니다. 해외의 부동산 투자는 쉽지 않으므로 해외자산은 금융자산으로 가져가는 것이 쉽고 편리합니다. 우리는 미래를 정확하게 예측할 수 없다는 것을 인정해야 합니다.

주식투자를 처음 시작한다면
투자금액은 얼마로 해야
적당할까요?

　주식투자를 처음 시작하면서부터 자산의 상당 부분을 투입하는
사람들이 꽤 많은 것으로 알고 있습니다. 하지만 주식투자 초기에는
실패할 확률이 높고, 인간은 심리적 편향(본문에 언급한)의 영향을
많이 받으므로 손실이 발생할 가능성이 높습니다. 그래서 처음에는
총자산의 5% 이하로 작게 시작해 보는 것이 좋습니다. 만약 총자산
의 5%를 투입했다가 20% 정도의 손실이 발생하더라도 총자산의 손
실은 1%로 제한되게 됩니다. 그렇게 투자를 배워나가면서 자신의 실
력이 늘어날수록 차츰차츰 투자 금액을 늘려나가는 것입니다. 다만
경계해야 할 것은 바로 '초심자의 행운'입니다. 투자를 시작한 지 얼
마 안되는 사람이 운이 좋아 급등주를 매수하게 되어 큰 수익을 보
게 된다면 이를 자신의 실력으로 착각한 투자자의 자만으로 이후 투
자에서 큰 실패를 겪게 될 확률이 높습니다. 투자 실력을 키우기 위
해서는 투자 기간 동안 자신의 투자자금을 늘리거나 줄이지 않고 벤

치마크 지수와 비교해 보는 과정이 반드시 필요합니다. 한국주식에 투자한다면 코스피, 코스닥 지수와 비교해 보고 미국주식에 투자한다면 S&P500지수와 나스닥 지수와 비교해 봐야 합니다. 이러한 과정이 수반되어야 자신의 투자실력을 점검하고 향상시킬 수 있는 방법을 고민하게 됩니다. 이러한 고민과 과정이 없다면 투자를 아무리 오래 했더라도 투자 실력은 초보자와 다를 바가 없습니다.

미성년자 주식계좌를
개설하고 싶은데
어떻게 해야 하나요?

성인은 비대면으로 계좌개설이 가능합니다. 개인 투자자분들이 가장 많이 사용하는 증권사는 키움증권이며 스마트폰 MTS(Mobile Trading System)어플리케이션은 앱스토어에서 '영웅문'이라는 어플을 다운받아 설치하고 준비한 신분증을 활용하여 계좌개설이 가능합니다. 미성년자 계좌개설 같은 경우 기존에는 직접 증권사에 방문하여 계좌를 개설했기 때문에 다소 번거로움이 있었으나 2023년도부터 미성년자도 비대면 계좌개설이 가능해졌습니다. 준비해야 할 서류로는 부모 신분증, 가족관계증명서, 기본증명서 상세가 필요합니다. 인터넷으로 발급을 받든 직접 가서 발급을 받든 상관은 없지만 신분증은 진행 과정 중에 사진을 찍는 과정이 필요하니 꼭 준비하고 아이의 가족관계증명서와 기본증명서(상세)는 사진을 찍어 제출해야 하므로 미리 사진을 찍어두는 것도 괜찮습니다. 비대면 계좌개설이 간편하긴 하지만 다소 복잡하게 느껴지는 분이라면 직접 증권사에 방문하시면 쉽게 계좌개설이 가능합니다. 직접 자녀와 같이 갈 필요는 없으며 미리 전화하여 구비서류만 갖춘 후에 방문하면 됩니다.

21

투자를 꼭 일찍 시작해야 하는
이유가 있을까요?

워런 버핏은 11살 때부터 투자를 시작했다고 합니다. 유대인 자녀들은 13세 때 성인식을 하며 주위 지인과 친지들로부터 수천만 원의 축의금을 받게 됩니다. 그리고 이 돈으로 예금, 적금, 주식, 채권 등에 투자하며 저절로 분산투자를 배우게 됩니다. 이러한 조기 경제교육이 유대인들을 전 세계에서 막강한 경제적 파워를 가지게 한 원동력입니다.

유대인은 전 세계 1,500만 명 정도로 추산되는 소수 민족인데, 세계 억만장자의 30%를 차지하며 미국 100대 기업의 40%가 그들의 소유라고 합니다. 미국의 역대 연준(미국 중앙은행) 총재와 세계은행 총재도 유대인이 많았고 노벨상 수상자의 42%가 유대인입니다. 이는 어릴 때부터 유대인이 경제교육에 특별한 관심을 기울인 결과입니다.

투자를 일찍 시작할수록 좋은 점은 한국경제, 나아가 세계 경제가 어떻게 돌아가는지 좀 더 빨리 눈을 뜰 수 있게 된다는 것입니다. 또한 금융은 우리가 살아가는 삶과 떼려야 뗄 수 없는 밀접한 삶의 지식이므로 일찍 배워둬야 유리합니다. 주식투자에서 손실을 볼 수 있지만 처음 시작하는 작은 자금으로는 어느 정도의 실패를 용인해 줄 수 있습니다. 오히려 성인이 되어서 처음 주식투자를 하게 되어 막대한 손실을 보면 이를 극복하기란 매우 어려운 일이 됩니다. 위와 같은 이유로 투자를 일찍 시작하기를 권합니다.

22

현재 배당금이 많은 기업에 투자해야 할까요, 현재 배당금이 작더라도 매년 배당금을 올려주는 기업에 투자해야 할까요?

 굉장히 좋은 질문입니다. 현재의 많은 배당금을 택할 것인지, 현재는 적더라도 미래의 많은 배당금을 택할지 질문한 것이죠? 이 정도까지 질문을 할 수 있는 사람이라면 금융지식 수준이 상당히 많이 올라온 것입니다. 결론부터 말하자면 투자 기간에 따라 다릅니다. 투자 기간이 10년 이하라면 현재의 많은 배당금을 선택하는 것이 투자에 유리합니다. 하지만 투자 기간이 적어도 10년 혹은 그 이상이라면 배당 성장하는 주식에 투자하는 것이 수익률 면에서 유리합니다.

 예를 들어 2021년 임금 상승률은 4.1%, 공무원 임금 상승률이 1.4% 정도였지만 SCHD라는 배당성장 ETF는 배당금 성장률이 출시 이후 평균 12%에 달합니다. 미국 S&P500에 투자하는 SPY ETF도 출시 이후 배당성장률이 6.4%에 달합니다. 이러한 수치를 봤을 때 배당 성장주에 투자하는 것은 인플레이션을 단순히 헷징하는 것에서 벗어나 인플레이션 대비 초과수익을 거둘 수 있게끔 도와줍니다. 이러한 수치는 배당 성장주에 투자하는 당위성을 만들어 줍니다. 현재의 작은 배당금에 실망하지 말고 매달 기계적으로 배당 성장하는 ETF에 투자하며 나온 배당금을 다시 재투자하여 복리의 마법을 느껴간다면 그것은 천천히 부자가 되는 가장 확실한 길일 것입니다.

이 책을 만드는 데 도움을 주신 분들

강만식	오영선
공유진	요트왕
구루마70	윤효준
김보경	이동훈
김실버	이승희
김윤주	이윤환
김재아	정다희
김준성&김태우	조선희
김창현	지윤서
까꿍	진복
매래	진정우
박주희	최정진
손민기	A320F LEE YEONG JUN
안성희	KAIEAS
영혼의투자자_존템플턴	x

고교 선생님의

특별한 금융경제 수업

1판 1쇄 발행 2023년 11월 10일
1판 2쇄 발행 2024년 9월 20일

지은이 조부연, 이승희
펴낸이 이윤규

펴낸곳 유아이북스
출판등록 2012년 4월 2일
주소 서울시 용산구 효창원로 64길 6
전화 (02) 704-2521
팩스 (02) 715-3536
이메일 uibooks@uibooks.co.kr

ISBN 979-11-6322-111-1 (03320)
값 16,800원